Start.nl – deel 1

www.coutinho.nl/start1_2

The code in this book gives you access to the online lessons. The online material consists of video and audio clips, grammar and vocabulary, all with many exercises, as well as tests, keys and word lists.

To activate the lessons, you need the code given below.
Go to www.coutinho.nl/start1_2 and follow the instructions.

0001-E721-6D4D-D6CF-9F87

Start.nl
Dutch for Beginners

deel 1

Katja Verbruggen
Welmoed Hoogvorst

Tweede, herziene druk

uitgeverij | C
coutinho

bussum 2019

Inleiding

Start.nl is gemaakt voor mensen die snel Nederlands willen leren op een communicatieve en interactieve manier.

De lessen bereid je voor met het digitale gedeelte van de cursus. Luisteren, spreken en oefeningen maken doe je allemaal op de website.
In de les gebruik je het boek. Met spreekoefeningen en opdrachten breng je in praktijk wat je thuis al hebt geleerd.
Na de les doe je nog extra oefeningen met het digitale deel, zodat je alles goed kunt onthouden.

Als je de tien hoofdstukken van *Start.nl - deel 1* afgerond hebt, kun je je redden in veel voorkomende dagelijkse situaties en je kunt eenvoudige gesprekjes voeren. Je hebt dan A1 van het ERK bereikt.

We wensen je veel plezier met deze cursus!

Katja Verbruggen en Welmoed Hoogvorst

Introduction

Start.nl is for people who want to learn Dutch quickly in a communicative and interactive way.

You prepare group lessons with the digital part of the course material. The preparation on the webste consists of listening, speaking and other exercises.
The book is used at the group lessons. The exercises in the book give you an opportunity to put your preparation into practice.
After the lesson you do more exercises in the digital part to assimilate what you have learned.

When you have finished all ten chapters of *Start.nl - part 1*, you can manage in daily situations and have simple conversations. You will have reached A1 of the CEFR.

We wish you a pleasant course!

Katja Verbruggen and Welmoed Hoogvorst

Contents

You will learn to ...	On the website
	Grammar and Vocabulary
1 – Hoe heet je?	
introduce someone / yourself say where you come from ask where someone comes from spell count to 10 ask / say how you are ask / say what you are studying	personal pronouns (singular) possessive pronouns (singular) regular verbs (singular) irregular verbs (singular)
2 – Wat zijn je hobby's?	
talk about hobbies invite someone say you like / dislike something ask what someone likes to do count to 100	personal pronouns (plural) possessive pronouns (plural) inversion verb conjugation (plural)
3 – Wie is dat?	
talk about your family talk about appearance and character	articles plural of nouns negation: *geen*
4 – Wat doe je?	

talk about daily activities
tell time
ask when something will happen
  (what day, what time)
make an appointment
	separable verbs
	reflexive verbs
	inversion
	irregular verbs: *zullen, kunnen, willen,*
	  mogen

5 – Wat kost dat?

do grocery shopping	object form
ask where something is	negation: *niet*
ask the price	diminutive
ask the weight	
name the months	

6 – Van welk spoor vertrekt de trein?

ask about arrival and departure times	imperative
ask where the bus goes / stops	negation: *niet – geen*
book a trip	conjunctions: *omdat*
book a hotel room	

7 – Waar woon je?

talk about your house	numerals
ask someone's address	*er* (indefinite subject)
	comparatives
	demonstrative pronouns

8 – Wat heb je gisteren gedaan?

talk about events in the past	present perfect simple tense
talk about holiday activities	irregular verbs: *gaan, komen, doen, zijn, eten*
	inversion

9 – Mag ik bestellen?

order in a bar or restaurant	*zouden* for a friendly question
make a reservation at a restaurant	conjunction *dat*
talk about food and drinks	

10 – Hebt u hem een maat groter?

ask about clothes	adjectives
specify the colours	pronouns for objects
say something is wrong	superlatives
talk about sizes	

connected speech	weights ask and say the price numerals ask and understand where something is	to safe money	**57**
sjwa ǝ	make a hotel reservation *omdat* + subordinate clauses imperative prepositions	paying on public transport	**69**
-*ig*, -*lijk* (refresher)	talk about service *deze, die, dit, dat* comparatives verbs of position	architect Piet Blom	**81**
final -*n* (refresher)	the past simple tense verbs of transportation	the Netherlands and the sea	**91**
hij	order food like / dislike food *zijn* + *aan het* + infinitive	tipping	**101**
ie, ou, au, ui, ei, ij, eu (refresher)	phrases in a clothing shop *te* + adjectives	fashion designers	**111**

Appendixes

Online lessons

You will find the online lessons that go with this book at **www.coutinho.nl/start1_2**. Each lesson consist of:
- preparation
  - dialogue
  - grammar
  - vocabulary
- consolidation
  - speaking
  - grammar
  - vocabulary
  - listening and understanding
- test

At the website you will find also a key to the exercises in the book, a complete vocabulary list with context sentences and the audio files that go with the book.

Teachers can request the teaching material at the website. This material consists of a teacher's manual, the role playing assessments from the book and two assessments (Chapter 1-5 and Chapter 6-10).

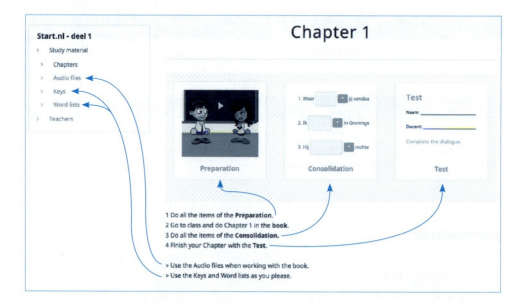

Instructions

- Prepare your group lesson using the preparation at the website. Go to **www.coutinho.nl/start1_2**, sign in and choose the right chapter. Then select **preparation**. (You can find more information about the website on the left-hand page, page 10.)
- Use your book for the group lesson. You can find one or two of the following icons in the exercises:

 speaking

 listening

 reading

 writing

 pronunciation

 grammar

 vocabulary

 reflection

 cultural information

 internet task (see the preparation on the website)

You can find the transcripts in Appendix 1 and B-roles for the exercises in Appendix 2. Appendix 3 has more information about grammar. Appendix 4 gives the irregular verbs. If you want to check your answers to the closed ended questions, go to the website and download the keys.

- Do more exercises after the lesson. Go to **www.coutinho.nl/start1_2**, sign in, choose the chapter you want and select **consolidation**. Choose a topic: speaking, grammar, vocabulary or listening and understanding.
- After you have done all the exercises, you can take a **test**. There is one test for each chapter on the website.

Hoe heet je?

Doe eerst de **preparation** op de website.

After this chapter you can:

- introduce someone / yourself
- say where you come from
- ask where someone comes from
- spell
- count to 10
- ask / say how you are
- ask / say what you are studying

Oefening 1
Vul in. Werk samen.

Mijn naam: _____

Ik kom uit: _____

Ik studeer: _____

De naam van mijn docent: _____

De naam van drie medecursisten:

_____ uit _____

_____ uit _____

_____ uit _____

Oefening 2
Luister naar de dialogen en beantwoord de vragen.

1	Peter komt uit Amerika.	waar / niet waar
2	Maria komt uit Italië.	waar / niet waar
3	De spelling is A-L-A-K-S-I.	waar / niet waar
4	Hij komt uit Polen.	waar / niet waar
5	Sandra komt uit Nederland.	waar / niet waar

Kijk nu naar de tekst op bladzijde 121 en controleer je antwoorden.

Oefening 3
Luister naar de docent en zeg de letters na. Onder de letters kun je een aanteke-ning maken over de uitspraak

A	B	C	D	E	F	G	H	I	J	K	L	M
—	—	—	—	—	—	—	—	—	—	—	—	—

N	O	P	Q	R	S	T	U	V	W	X	Y	Z
—	—	—	—	—	—	—	—	—	—	—	—	—

Hoe schrijf je dat?
Hoe spel je dat?
Kun je dat spellen?

Oefening 4
**Kijk naar de kaart van Europa. Spel de naam van een land.
Je medecursist wijst het land aan en zegt welke taal ze daar spreken.**

1	IJsland		**13**	Nederland
2	Ierland		**14**	Duitsland
3	Verenigd Koninkrijk		**15**	Zwitserland
4	Noorwegen		**16**	Oostenrijk
5	Zweden		**17**	Polen
6	Finland		**18**	Estland
7	Denemarken		**19**	Letland
8	Rusland		**20**	Oekraïne
9	Portugal		**21**	Italië
10	Spanje		**22**	Roemenië
11	Frankrijk		**23**	Griekenland
12	België		**24**	Turkije

Oefening 5

Cursist A kijkt naar dit schema. Cursist B kijkt naar het schema op bladzijde 129. Stel vragen en vul het schema in.

Voorbeeld
Wat is de achternaam van Petra? Hoe spel je dat?
Waar komt hij vandaan?
Welke taal spreekt Isabel?

Cursist A

Voornaam	Achternaam	Land	Taal
Petra			Engels
Isabel	Figueroa		
Jonas		Duitsland	Duits

Vragen hoe het gaat

Hoe gaat het?	Met mij gaat het ...
Hoe gaat het met u / je?	- uitstekend.
Hoe gaat het ermee?	- goed.
Hoe is het?	- prima.
Alles goed?	- best.
	- niet zo goed.
	- slecht.
	Het gaat wel.

Oefening 6

Praat met drie cursisten in jouw groep. Schrijf de antwoorden op.

Voorbeeld:
Hoe heet je? Hoe spel je dat?
Wat is je achternaam? Hoe schrijf je dat?
Waar kom je vandaan? Kun je dat spellen?
Welke talen spreek je?
In welke straat woon je? Kun je jouw straatnaam spellen?

Vertel nu de antwoorden aan een andere medecursist.

> *Voorbeeld:*
> Zijn naam is Hoa. Hij komt uit China.

Oefening 7
Je krijgt een woord. Loop rond. Laat zien hoe het met je gaat: ☺ of ☹.
Je medecursisten moeten het woord raden.

Oefening 8
Luister naar de dialoog en beantwoord de vragen.

1 Waar komt Anna vandaan?

_____

2 Waar woont Anna?

_____

3 Hoe gaat het met Anna?

_____

4 Hoe gaat het met Carlos?

_____

5 Waar komt Carlos vandaan?

_____

Kijk nu naar de tekst op bladzijde 121 en controleer je antwoorden.

Getallen										
0	1	2	3	4	5	6	7	8	9	10
nul	een	twee	drie	vier	vijf	zes	zeven	acht	negen	tien

Wat is jouw telefoonnummer?
Mijn telefoonnummer is …

Oefening 9

Vraag het telefoonnummer van een medecursist en schrijf het op. Geef het nummer aan de docent. Je krijgt een ander telefoonnummer. Loop rond en zoek jouw eigen nummer.

Mijn nummer is …
Heb je nummer …?
Ik zoek nummer …

 ## Oefening 10

Teken een huis met een kruis (zie het voorbeeld). De pen mag niet van het papier. Je mag geen dubbele lijnen tekenen. Werk samen met een medecursist.

Voorbeeld:
Van 1 naar 2. Van … naar …

 ## Oefening 11
Zeg de docent na.

a-aa	man – maan
e-ee	vel – veel
i-ie	dip – diep
o-oo	kop – koop
u-uu	bus – huur

Ik kom uit Amerika.
Hij spreekt Spaans en Portugees.
Ze kan haar naam spellen.
Hier wonen veel Grieken en Finnen.
Dit is een lief dier.
Kom je ook morgen?
Woon je op Lombok?
Kunt u uw naam spellen?

Oefening 12
Speel galgje met de woorden uit de les.

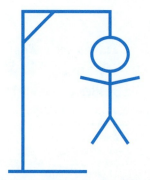

Oefening 13
Lees de tekst.

Hallo, ik heet Anne. Ik kom uit Nederland uit een plaats in het zuiden van Nederland.
Nu woon ik in Amsterdam. Ik studeer psychologie in Amsterdam. De stad is leuk en
gezellig. In Amsterdam wonen veel studenten. Ik woon met drie studenten in een huis.
Een meisje en twee jongens. We zijn allemaal nieuw in Amsterdam. Het meisje is mijn
vriendin Linde. Ze is twintig jaar. Zij komt uit België. De jongens heten Mark en Luc. Ze
komen uit Arnhem. Zij zijn ook twintig jaar. We zijn vrienden en we doen veel samen.
Dat is heel leuk.

1 Anne woont in het zuiden van Nederland.   waar / niet waar
2 In het huis van Anne wonen vier personen.   waar / niet waar
3 Anne komt uit België.   waar / niet waar
4 Mark woont al twintig jaar in Arnhem.   waar / niet waar

Oefening 14
Onderstreep de woorden uit de woordenlijst die je belangrijk vindt.

> ### U / je
> In Dutch we have two ways to say **you**: **u** is formal and **je** is informal. We use **u** when
> a person is older, is in a professional capacity or has a high position. **Je** is used for
> children, relatives and friends or people of around the same age.
> Sometimes it is difficult to decide which is best to use. Then it is best to be formal
> and say **u**. The other person can always invite you to use **je**.
> Note: even the Dutch sometimes have difficulty choosing the right form. **Bedankt**
> (instead of **dank u** / **dank je**) is a useful word in this case.

**Doe nu de consolidation op de website. Als je klaar bent met de
oefeningen kun je de test bij hoofdstuk 1 maken.**

**Op de volgende pagina vind je de alfabetische woordenlijst
bij dit hoofdstuk.**

aangenaam	nice, pleasant	hij	he
aanwijzen	to point at	hoe	how
acht	eight	hoeveel	how much
achternaam, de	last name, the	hoi	hi
alles	everything	hoofdstuk, het	chapter, the
ander(e)	other	huis, het	house, the
beantwoorden	to answer	huur, de	rent, the
best	good	ik	I
bus, de	bus, the	Italië	Italy
Colombia	Colombia	ja	yes
controleren	to check	jaar, het	year, the
daar	there	je	you (informal)
dat	that	jij	you (informal)
diep	deep	jongen, de	boy, the
dip, de	dip, the	jouw	your
docent, de	teacher, the	kaart, de	map, the
doen	to do	kijken	to look
drie	three	kloppen	to knock
dubbel	double	komen	to come
Duitsland	Germany	koop, de	buy, the
een	one	kop, de	head, the
een beetje	a bit	krijgen	to get / to receive
en	and	kunnen	to be able, can
Engeland	England	land, het	country, the
Europa	Europe	letter, de	letter, the
gaan	to go	leuk	nice, fun
galgje spelen	to play hangman	lezen	to read
geen	no	lijn, de	line, the
getal, het	number, the	lopen	to walk
geven	to give	luisteren	to listen
gezellig	nice, cosy, pleasant	maan, de	moon, the
goed	good	maar	but
groep, de	group, the	maken	to make, to do
hebben	to have	man, de	man, the
heel	very	meisje, het	girl, the
het	the / it	met	with
heten	to be named, to be called	mij	me

mijn	my	tekst, de	text, the
moe	tired	telefoonnummer, het	phone number, the
moeder, de	mother, the	tien	ten
moeten	to have to	twee	two
mogen	to be allowed to, may	u	you (formal)
naam, de	name, the	uit	from
naar	at	uitstekend	excellent
Nederland	Netherlands, the	van	of / from
Nederlandse	Dutch (female)	vandaan	from
nee	no	veel	much, many
negen	nine	vel, het	skin, the
niet	not	vertellen	to tell
nieuw	new	vier	four
Nieuw-Zeeland	New Zealand	vijf	five
nu	now	voornaam, de	first name, the
nul	zero	vraag, de	question, the
oefening, de	exercise, the	vragen	to ask
ook	also, too	vriendin, de	friend, the (female)
papier, het	paper, the	waar	where
pen, de	pen, the	waar	true
plaats, de	place, the	we / wij	we
Polen	Poland	welk(e)	what / which
praten	to talk	werken	to work
prima	fine	wie	who
raden	to guess	wonen	to live
rond	around	woord, het	word, the
samen	together	ze	they
schrijven	to write	zeggen	to say
slecht	bad	zes	six
Spanje	Spain	zeven	seven
spellen	to spell	zien	to see
spreken	to speak	zij	she / they
straat, de	street, the	zijn	to be / his
student, de	student, the	zo	so
studeren	to study	zoeken	to search
taal, de	language, the	zuiden, het	south, the
tekenen	to draw		

2

Wat zijn je hobby's?

Doe eerst de **preparation** op de website.

After this chapter you can:

- talk about hobbies
- invite someone
- say you like / dislike something
- ask what someone likes to do
- count to 100

Oefening 1
Wat vind jij leuk?

	☺ leuk	😐 een beetje leuk	☹ niet leuk
naar de film gaan	☐	☐	☐
zwemmen	☐	☐	☐
voetballen	☐	☐	☐
tennissen	☐	☐	☐
lezen	☐	☐	☐
gitaar spelen	☐	☐	☐
koken	☐	☐	☐
reizen	☐	☐	☐

Praat met een medecursist hierover.

Voorbeeld:
Wat is je hobby?
Waar houd je van?
Wat vind je leuk?
Wat doe je in je vrije tijd?

Oefening 2
Luister naar de dialoog. Vul het schema in.

Kies uit: dansen — pianospelen — voetballen — fitnessen

	☺ Hobby	☹ Houdt niet van
Anna		
Tim		
Lisa		

Kijk naar de tekst op bladzijde 122 en controleer je antwoorden.

Oefening 3

**Kijk naar de plaatjes. Wat is hun hobby? Werk samen met een medecursist.
Let op inversie.**

Zijn hobby is …

Haar hobby is …

Hij houdt van …

Zij … graag.

Hij vindt … leuk.

… vindt hij leuk.

Ik … in mijn vrije tijd.

In mijn vrije tijd … ik.

 Oefening 4

Maak het schema compleet. Cursist A gebruikt het schema op de volgende bladzijde, cursist B gebruikt het schema op bladzijde 129.

Voorbeeld:

Wat doet Peter graag?

Peter … graag.

Wat vindt Carla niet leuk?

Carla vindt … niet leuk.

Cursist A

	☺ Leuk	☹ Niet leuk
Peter	reizen	
Carla		skypen
Jessica	naar muziek luisteren	
Bruno		fitnessen
Jack	koken	

Oefening 5
Je krijgt een kaartje met een hobby. Je mag niet praten. Je medecursisten moeten raden welke hobby het is.

Oefening 6
Zeg de docent na.

au-ou	blauw, gauw, auto
	jou, houden, kou, vrouw
ei-ij	ei, reizen, meisje
	hij, vrijdag, vijf, zijn
eu	neus, deur, kleur, leuk
ie	muziek, iedereen, fiets
oe	goed, doen, boek
ui	muis, luisteren, huis, uit

Het meisje op reis ziet blauw van de kou.
Jullie komen vrijdag om vijf uur bij mij.
De muis rent zijn huis uit.
De deur van de keuken heeft een leuke kleur.
In het huis wonen vier Griekse mannen.
Ik luister naar muziek en lees een goed boek.

Oefening 7

Maak zinnen met de woorden in de wolkjes. Werk samen.

Voorbeeld:

Peter, thuisblijven, in het weekend   In het weekend blijft Peter thuis.

1
boodschappen doen, na de les, ik

2
vanavond, naar de film, mijn vriend en ik

3
pianospelen, in het weekend, onze buurman

4
ik, in het weekend, …

5
morgen, koffie drinken, Anna en Lisa

1 _____

2 _____

3 _____

4 _____

5 _____

Getallen

11	12	13	14	15	16	17
elf	twaalf	dertien	veertien	vijftien	zestien	zeventien

18	19	20
achttien	negentien	twintig

30	40	50	60	70	80	90	100
dertig	veertig	vijftig	zestig	zeventig	tachtig	negentig	honderd

Oefening 8
Luister naar de docent en zeg de getallen na.

Oefening 9
Praat met drie medecursisten.

Wat is je / jouw adres?
Wat is je / jouw huisnummer?
Wat is je / jouw postcode?
Wat is je / jouw leeftijd?

Mijn adres is ...

Cursist 1	
Adres:	Huisnummer:
Postcode:	Leeftijd: jaar

Cursist 2	
Adres:	Huisnummer:
Postcode:	Leeftijd: jaar

Cursist 3	
Adres:	Huisnummer:
Postcode:	Leeftijd: jaar

Oefening 10
Wat is het volgende getal? Werk samen.

1 – 2 – 4 – 8 – 16 – ...
1 – 11 – 20 – 28 – 35 – ...
1 – 4 – 9 – 16 – 25 – 36 – 49 – ...

Oefening 11
Werk in tweetallen. Cursist A vraagt cursist B wat het kost. Wissel van rol.

Voorbeeld:
Ik ga twee keer zwemmen en één keer naar de sauna. Wat kost het?

Tarieven sportschool	
Zwemmen	€ 3,50 per keer
Fitness	€ 5,- per keer
Spinning	€ 4,30 per keer
Sauna	€ 2,25 per keer

Oefening 12
Oefen met inversie. Werk samen.

Voorbeeld:
Cursist A: Hij eet vanavond pizza.
Cursist B: Vanavond eet hij pizza.

Cursist A	**Cursist B**
Ze studeren vanavond Nederlands.	Vanavond …
Ik ga morgen naar de film.	Morgen …
We eten in het weekend pizza.	In het weekend …
Ze gaan iedere dag joggen.	Iedere dag …

Cursist B	**Cursist A**
Hij voetbalt vanmiddag.	Vanmiddag …
Ik doe na de les boodschappen.	Na de les …
We drinken vanmiddag koffie met de cursisten.	Vanmiddag …
Ze gaan in het weekend boodschappen doen.	In het weekend …

Oefening 13

Lees de kaart en beantwoord de vragen.

Hoi Karin,

Hoe is het met je?
Met mij gaat het goed.
Het is erg leuk op de camping.
Lisa en Nicole zijn er ook.
We zwemmen en volleyballen veel.
Nicole gaat vanmiddag vissen.
Misschien eten we vanavond vis.
Lisa kookt vaak, dat is haar hobby.
Ze kan heel lekker koken. Wat een geluk.
Meestal doen Lisa en ik boodschappen.
Nicole vindt boodschappen doen vreselijk.
Zij gaat nooit mee.
Heb je zin om ook te komen?

Groetjes Tessa

Karin Vermeer

Zeeweg 11

1100 AA Amsterdam

Nederland

---

1 Wie schrijft de kaart?
   ☐ a Karin
   ☐ b Lisa en Nicole
   ☐ c Tessa

2 Wie doet nooit boodschappen?
   ☐ a Lisa
   ☐ b Nicole
   ☐ c Tessa

3 Wie vindt koken leuk?
   ☐ a Karin
   ☐ b Lisa
   ☐ c Nicole

Oefening 14
Kijk naar de woorden in de woordenlijst. Wat zie je meer: *de* of *het*?

The Pieterpad
The Pieterpad is a long walking route in the Netherlands. The trail goes 485 kilometres (301 miles) south from Pieterburen in the northern part of Groningen through the eastern part of the Netherlands to just south of Maastricht on the top of Mount Saint Peter (St Pietersberg) at an altitude of 109 metres (358 feet). The Pieterpad is one of the official Long Distance Walking Routes in the Netherlands (Lange Afstand Wandelpad Nummer 9) and by far the most popular. You can walk the route all year round in either direction. It is clearly signposted and well served by public transport and accommodations from one end to the other. The official guide book is in two volumes, Pieterburen-Vorden and Vorden-Maastricht. A Dutch website provides updated accommodation details. Although the walk is always easy and never too remote, it is varied and often beautiful, passing through woods, polders, heaths and numerous small Dutch villages.
Source: Wikipedia

Doe nu de consolidation op de website. Als je klaar bent met de oefeningen kun je de test bij hoofdstuk 2 maken.

Op de volgende pagina vind je de alfabetische woordenlijst bij dit hoofdstuk.

adres, het	address, the	koken	to cook
auto, de	car, the	kosten	to cost
begeleiden	to accompany	kou, de	cold, the
best wel	quite	leeftijd, de	age, the
bewegen	to move	lekker	nice, good, tasty
blauw	blue	meegaan	to join
blijven	to stay	meestal	most of the time
boek, het	book, the	mooi	beautiful
boodschappen doen	to do grocery shopping	morgen	tomorrow
buurman, de	neighbour, the	muis, de	mouse, the
danken	to thank	muziek, de	music, the
dansen	to dance	na	after
dansles, de	dancing lesson, the	neus, de	nose, the
deur, de	door, the	niets	nothing
drinken	to drink	nooit	never
ei, het	egg, the	nummer, het	number, the
erg	terrible / very	ons	us
eten	to eat	pianospelen	to play the piano
fietsen	to cycle	postcode, de	postal code, the
film, de	movie, the	reizen	to travel
gauw	soon	rennen	to run
geluk, het	luck, the / happiness, the	skypen	to Skype
gitaar, de	guitar, the	spelen	to play
graag	to like to do, please	tarief, het	price, the
ha	hi	tennissen	to play tennis
hobby, de	hobby, the	thuisblijven	to stay at home
houden van	to love	tijd, de	time, the
huisnummer, het	house number, the	vanavond	this evening, tonight
ieder	every	vanmiddag	this afternoon
iedereen	everybody	veel	a lot, much
joggen	to jog	vinden	to find
kaart, de	postcard, the	vis, de	fish, the
keer, de	time, the	vissen	to fish
keuken, de	kitchen, the	voetballen	to play soccer
kleur, de	colour, the	volleyballen	to play volleyball
koffie, de	coffee, the	vreselijk	awful

vrij	free
vrouw, de	woman, the
wandelen	to walk / to hike
wat	what
weekend, het	weekend, the
zin hebben	to feel like
zwemmen	to swim

Wie is dat?

3

Doe eerst de **preparation** op de website.

After this chapter you can:
- talk about your family
- talk about appearance and character

Oefening 1
Vul in en praat met een medecursist.

Mijn vader heet _____. Hij is _____ jaar oud.

Mijn moeder heet _____. Zij is _____ jaar oud.

Ik heb_____ broer(s). Ik heb _____ zus(sen).

Ik heb _____ opa('s) en _____ oma('s).

Oefening 2
Cursist A leest de vraag, cursist B zegt het goede woord. Wissel van rol.

Cursist A	Cursist B
	Kies uit:
Wie is de broer van mijn moeder?	oma
Wie is de moeder van mijn vader?	zwager
Wie is de dochter van mijn oom?	oom
Wie is de man van mijn zus?	nicht

Cursist B	Cursist A
	Kies uit:
Wie is de zoon van mijn oom?	schoonzus
Wie is de vrouw van mijn broer?	tante
Wie is de vader van mijn vader?	neef
Wie is de zus van mijn moeder?	opa

Oefening 3
Luister naar de tekst en beantwoord de vragen.

1 Mijn ouders hebben ...
   ☐ a twee kinderen.
   ☐ b drie kinderen.
   ☐ c vier kinderen.

2 Mijn oudste broer ...
   ☐ a woont samen.
   ☐ b is getrouwd.
   ☐ c is gescheiden.

3 Mijn jongste broer ...
   ☐ a woont samen.
   ☐ b is getrouwd.
   ☐ c heeft geen kinderen.

4 Mijn vader heeft ...
   ☐ a geen zussen.
   ☐ b één zus.
   ☐ c twee zussen.

5 Mijn moeder heeft …
- ☐ a geen zussen.
- ☐ b één zus.
- ☐ c twee zussen.

7 Ik heb …
- ☐ a één oma.
- ☐ b twee oma's.
- ☐ c geen oma.

6 Ik heb …
- ☐ a twee tantes.
- ☐ b drie tantes.
- ☐ c vier tantes.

Oefening 4
Luister nog een keer naar het fragment. Teken de stamboom van de familie. Lees de tekst op bladzijde 122 en controleer de stamboom.

Oefening 5
Luister naar de docent en zeg na. Let op de uitspraak van *-ig* en *-lijk*.

Herhaal de volgende woorden:

gezellig	Ik vind Amsterdam gezellig.
vrolijk	Anna is altijd heel vrolijk.
uiterlijk	Beschrijf zijn uiterlijk.
lijk	Lijk jij op je zus?
grappig	Natuurlijk moet een clown grappig zijn.
natuurlijk	Kom je vanavond? Natuurlijk!
aardig	Mijn docent is heel aardig.
slordig	Ben jij slordig?

Lees de zinnen nog een keer. Werk samen.

Oefening 6
Stel vragen over de familie van je medecursist. Beantwoord de vragen van je medecursist. Denk aan *geen*.

Voorbeeld:
Heb je een oom? Nee, ik heb geen oom.
Heb je een broer? Nee, ik heb geen broer.
Heb je een zus? Ja, ik heb twee zussen.

Oefening 7
Kies het goede plaatje.

1 Lang, krullend haar, bril, normaal postuur: plaatje _____

2 Dik, klein, blond haar, kort haar: plaatje _____

3 Dun, zwart haar, gespierd: plaatje _____

Oefening 8
Wat past bij welk beroep?

Voorbeeld:
Wat moet een dokter zijn?
Een dokter moet slim zijn.

Wat moet een clown zijn?
Wat moet een topsporter zijn?
Wat moet een secretaresse zijn?
Wat moet een manager zijn?

Maak zelf vragen en geef antwoord.

Kies uit: grappig — sportief — netjes — precies — zelfverzekerd — aardig — ijverig — snel — slim — sterk

Voorbeeld:
Wat moet een vriend zijn?
Wat moet een collega zijn?

Oefening 9
Je fiets is gestolen. Wie is de dief? Kijk naar de plaatjes en luister naar de tekst.

Controleer je antwoord met de tekst op bladzijde 122.

Oefening 10

	positief	negatief		positief	negatief
geduldig	☐	☐	ongeduldig	☐	☐
lui	☐	☐	ijverig	☐	☐
slim	☐	☐	dom	☐	☐
druk	☐	☐	rustig	☐	☐
aardig	☐	☐	gemeen	☐	☐
slordig	☐	☐	netjes	☐	☐
sportief	☐	☐	lui	☐	☐
snel	☐	☐	langzaam	☐	☐
pessimistisch	☐	☐	optimistisch	☐	☐
romantisch	☐	☐	realistisch	☐	☐
zelfverzekerd	☐	☐	onzeker	☐	☐
emotioneel	☐	☐	nuchter	☐	☐
vrolijk	☐	☐	somber	☐	☐

Praat met een medecursist over je antwoorden.

Hoofdzin + hoofdzin		
Ik ben heel sportief	**en**	ik ben vrolijk.
Rick is geduldig	**maar**	hij is ook snel.
Ben je romantisch	**of**	ben je realistisch?
Ik kom vandaag niet	**want**	ik kom morgen.

Oefening 11
Kijk naar de woorden in het kader.

Gradatie	
heel erg	
erg	Ik ben **heel erg** romantisch, maar ik ben **niet zo** sportief.
best wel	Ik ben **best wel** slim, maar ik ben **helemaal niet** netjes.
een beetje	
niet zo	
helemaal niet	

Vertel een medecursist over jezelf. Gebruik de adjectieven van oefening 10.

Oefening 12
Lees de tekst en beantwoord de vragen.

Mijn tante, de zus van mijn moeder, woont in Bangkok. Zij woont daar met haar man en drie kinderen. Volgende week komen ze bij ons logeren. Dat vind ik heel erg leuk. Mijn neef en nichten zijn ongeveer even oud als ik en mijn twee broers. Met z'n zessen gaan we leuke dingen doen. We lijken heel veel op elkaar. Mijn broers zijn wel veel groter, maar we hebben alle zes blond haar en groene ogen. Mensen denken dat we alle zes broers en zussen zijn.
We vinden gelukkig dezelfde dingen leuk. We gaan tennissen, we gaan veel fietsen en we gaan natuurlijk ook uit. Naar de film en naar cafés in de stad. Misschien gaan we ook nog naar een muziekfestival.

1	Ik heb twee nichten.	waar / niet waar
2	Mijn oom woont in Bangkok.	waar / niet waar
3	Wij zijn thuis met twee kinderen.	waar / niet waar
4	Mijn neven zijn heel anders dan ik.	waar / niet waar
5	We gaan naar een film in een café.	waar / niet waar

Oefening 13
Kijk naar de woordenlijst en <u>onderstreep</u> de woorden die lijken op Engelse woorden.

Voorbeeld:
<u>vader</u> ≈ father

Family relations

To understand family relations in the Netherlands, it is essential to note that Dutch has two words for family. Many European countries just have one.

So let us focus on the words **gezin** and **familie**. **Gezin** refers to the narrow meaning of family. It refers to the nuclear family, the people who belong to one's household, traditionally a husband, wife and children. Of course other constellations are possible in modern society. **Familie** refers to the extended family, including everyone who is related biologically or legally (e.g. by marriage). This is an essential distinction in Dutch society, which was made in Dutch law as early as the 15th century. The relationship between members of a **gezin** and the rest of the **familie** is looser than in most European societies. The ties between members of a **gezin** are close. The ties with members of the **familie** are not as close as they generally are in other European societies.

Source: http://elib.kkf.hu/nether/holland/everyday/EN.htm

Doe nu de consolidation op de website. Als je klaar bent met de oefeningen kun je de test bij hoofdstuk 3 maken.

 Op de volgende pagina vind je de alfabetische woordenlijst bij dit hoofdstuk.

aardig	nice, friendly	iemand	somebody
altijd	always	ijverig	diligent
baard, de	beard, the	jammer	unfortunately / a pity
beroep, het	profession, the	jong	young
beschrijven	to describe	kind, het	child, the
bijvoorbeeld	for example	klein	small
blond	blond	kort	short
bril, de	glasses, the	krullend	curly
broer, de	brother, the	lang	long
clown, de	clown, the	langzaam	slow(ly)
denken	to think	leven	to live
dezelfde	the same	lijken op	to resemble
dief, de	thief, the	logeren	to stay over
dik	thick	lui	lazy
dochter, de	daughter, the	mensen, de	people, the
dom	stupid	natuurlijk	of course
donker	dark	neef, de	nephew, the / cousin, the
dood	dead	netjes	decent
druk	busy	nicht, de	niece, the / female cousin, the
dun	thin	nog	yet / still / further
elkaar	each other	normaal	normal
emotioneel	emotional	nuchter	down-to-earth
familie, de	family, the	of	or
fiets, de	bicycle, the	oma, de	grandmother, the
geduldig	patient	ongeduldig	impatient
gelukkig	luckily / happy	ongeveer	approximately
gemeen	mean	onzeker	uncertain
gescheiden	divorced	oom, de	uncle, the
gespierd	muscular	opa, de	grandfather, the
gestolen	stolen	optimistisch	optimistic
getrouwd	married	oud	old
grappig	funny	overleden	deceased
groen	green	pessimistisch	pessimistic
haar, het	hair, the	postuur, het	posture, the
helemaal	totally	precies	precise, exactly
herhalen	to repeat		

realistisch	realistic
romantisch	romantic
rustig	quiet
schoonzus, de	sister-in-law, the
secretaresse, de	secretary, the
slank	slender
slim	smart, intelligent
slordig	sloppy
snel	fast, quickly
snor, de	mustache, the
somber	miserable
sportief	sporty
stamboom, de	family tree, the
sterk	strong
tante, de	aunt, the
tegenovergestelde, het	opposite, the
topsporter, de	professional athlete, the
uiterlijk, het	appearance, the
uitspraak, de	pronunciation, the
vader, de	father, the
vrolijk	gay, cheerful
want	because
wegfietsen	to bike away
wisselen	to change
zelfverzekerd	confident
zoon, de	son, the
zus, de	sister, the
zwager, de	brother-in-law, the
zwart	black

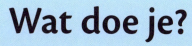

Wat doe je?

Doe eerst de **preparation** op de website.

After this chapter you can:
- talk about daily activities
- tell time
- ask when something will happen (what day, what time)
- make an appointment

Oefening 1
Zet de activiteiten in de juiste volgorde.

	televisie kijken
	naar bed gaan
	afwassen
1	opstaan
	naar de universiteit gaan
	ontbijten
	eten koken
	een douche nemen
	lunchen

Vertel aan een medecursist wat jij doet.

Oefening 2
Luister naar de dialoog en beantwoord de vragen.

1 Lisa ziet er goed uit.   waar / niet waar
2 Lisa ontbijt niet.   waar / niet waar
3 Julia drinkt 's morgens koffie.   waar / niet waar
4 Op zaterdag kan Lisa uitslapen.   waar / niet waar
5 Lisa gaat vanavond bij Julia eten.   waar / niet waar

Lees nu de tekst op bladzijde 123.

Oefening 3
Kijk naar de plaatjes. Wat doet John? Maak bij ieder plaatje een zin.

Kies uit: tandenpoetsen — opstaan — schoonmaken

1 John _____.

2 John _____.

3 John _____.

Kies uit: zich haasten — zich wassen — zich voorstellen — zich scheren

4 John _____.

5 John _____.

6 John _____.

7 John _____.

Oefening 4

Welk woord past hierbij? Werk samen. Je mag ieder woord maar één keer gebruiken. Soms zijn meer antwoorden goed.

Voorbeeld:
Cursist A: thee
Cursist B: ontbijten

Cursist A *zegt:*

wandelen

de koffie

de televisie

de boeken

de zeep

de tomatensaus

de computer

het stof

fitness

Cursist B *kiest uit:*

☐ sporten

☐ koken

☐ de hond uitlaten

☐ ontbijten

☐ douchen

☐ internetten

☐ studeren

☐ schoonmaken

☐ het nieuws

Cursist B *zegt:*

de broek

hardlopen

het water

het T-shirt

de boterham

het schoonmaakmiddel

eten

zich wassen

de pasta

Cursist A *kiest uit:*

☐ sporten

☐ koken

☐ het restaurant

☐ ontbijten

☐ douchen

☐ zich aankleden

☐ afwassen

☐ schoonmaken

☐ aantrekken

Klokkijken
Hoe laat is het?

Het is acht uur.

Het is kwart over negen.

Het is half elf.

Het is kwart voor twaalf.

Het is vijf over acht.

Het is tien over negen.

Het is tien voor half tien.

Het is vijf voor half elf.

Het is vijf over half een.

Het is tien over half twee.

Het is tien voor vier.

Het is vijf voor vijf.

Hoe laat...?

Hoe laat is het?	Het is één uur.
(Om) hoe laat eten we?	Om half zeven.
Wanneer eten we?	Om half zeven.
Wanneer sport je?	Op zaterdag. (Om tien uur.)
Op welke dag sport je?	Op zaterdag.

 Oefening 5

Luister naar de kloktijden en kruis ze aan. Welke tijden hoor je niet?

☐ 4.45 uur	☐ 9.40 uur	☐ 16.10 uur
☐ 6.30 uur	☐ 10.30 uur	☐ 17.30 uur
☐ 8.15 uur	☐ 11.45 uur	☐ 18.50 uur
☐ 8.30 uur	☐ 12.20 uur	☐ 21.15 uur
☐ 9.05 uur	☐ 13.00 uur	☐ 23.00 uur

Oefening 6

Geef antwoord op de vraag van je medecursist. Gebruik de informatie hieronder.
Cursist B gebruikt de informatie op bladzijde 129. Cursist A schrijft de informatie van cursist B op en cursist B schrijft de informatie van cursist A op.

Voorbeeld:
Cursist A: Wat doe je vandaag?
Cursist B: [afwassen; 20.00 uur] Ik was *om* acht uur af.
Cursist A schrijft op: **20.00 uur: afwassen**

Cursist A
- opstaan; 7.30 uur
- zich aankleden; 8.00 uur
- de hond uitlaten; 8.40 uur
- ontbijten; 9.45 uur
- naar de universiteit gaan; 10.10 uur

Vertel het nu aan elkaar.

Voorbeeld:
Jij wast om acht uur af.

Oefening 7

Luister naar de docent. Zet een streep onder de *n* die je niet hoort.

Hoeveel zussen heb je?
Ik ga met zeven vrienden eten.
Waar wonen jouw broers en zussen?
Kun je je naam even spellen?
De jongen heeft blauwe ogen en bruine krullen.
Mijn oom heeft twee kinderen. Dat zijn mijn neven.

Lees de zinnen nu zelf. Werk samen.

Oefening 8
Maak vragen en geef antwoord.

> *Voorbeeld:*
> je, schoonmaken
> Cursist A: Wanneer maak je schoon?
> Cursist B: Op zaterdag maak ik schoon.

Cursist A	Cursist B
Wanneer ...?	**Wanneer ...?**
de kinderen, voetballen	je, zich haasten
hij, zich scheren	Pip en Jos, uitslapen
je, opstaan	je, zich aankleden
de kat, zich wassen	Pieter, pianospelen
je, zich douchen	we, afspreken

Oefening 9
Maak een goede zin met het werkwoord uit de linkerkolom en de woorden uit de rechterkolom. Werk samen. Soms kun je ook een vraag maken.

zullen	naar een restaurant gaan, we
willen	economie studeren, hij
kunnen	goed zwemmen, je
mogen	de fiets hier parkeren, ik
zullen	vanavond afspreken, we
kunnen	gitaarspelen, je
willen	Nederlands leren, we

mogen	het raam opendoen, ik
zullen	vanmiddag boodschappen doen, ik
kunnen	goed Nederlands spreken, hij

1 _____

2 _____

3 _____

4 _____

5 _____

6 _____

7 _____

8 _____

9 _____

10 _____

Een afspraak maken

Zullen we naar de film gaan?
Heb je zin om naar de film te gaan?
Kun je vanavond?
Zullen we vanavond afspreken?

Ja, leuk. Hoe laat spreken we af?
Ja, dat is goed. Waar wil je afspreken?
Nee, ik kan niet.
Nee, ik kan vanavond niet. Kun je morgen?
Nee, sorry. Ik heb geen tijd.

 Oefening 10
Schrijf drie activiteiten met de tijd in de agenda op de volgende bladzijde. Maak afspraken met je medecursisten. Schrijf op: wie, wat, waar, hoe laat. Vertel daarna aan een medecursist over jouw week.

Maandag	Dinsdag	Woensdag	

Donderdag	Vrijdag	Zaterdag	Zondag

Oefening 11
Lees de tekst en maak de opdracht onder de tekst.

Soms word ik gek van mijn zus. Ze praat aan één stuk door over haar nieuwe vriend, Paul. Van 's morgens vroeg tot 's avonds laat. Bij het ontbijt begint het: 'Paul is zo knap en zo lief.' Volgens mij is hij helemaal niet knap. Hij is klein en dik, niet gespierd. Hij heeft puisten en vet haar. Bovendien denkt hij dat hij grappig is. Hij zegt tegen mijn zus: 'Je moet je morgen scheren, want je prikt.' Dat is niet grappig, dat is heel irritant.
Als mijn zus en ik hardlopen, praat ze zelfs over hem. 'Paul is zo intelligent en aardig.' Maar zij doet de boodschappen voor hem en kookt voor hem. Paul kijkt televisie of doet computerspelletjes. Ik vind hem lui.
Vanavond gaan ze naar de film. Dat wil mijn zus graag, ze wil een romantische avond. Hij wil naar een horrorfilm. Daar houdt hij van. Is dat romantisch?
Nou ja, misschien is mijn zus wel gewoon verliefd …

Hoe is Paul? Vul het schema in.

Mijn zus vindt Paul	Ik vind Paul

Oefening 12

**Kijk naar de werkwoorden in de woordenlijst en <u>onderstreep</u> de scheidbare werk-
woorden.**

Voorbeeld:
<u>uitslapen</u> → slaap uit

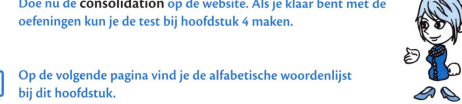

Daily meals

In the Netherlands, most people have bread and something sweet for breakfast, like
hagelslag, chocolate sprinkles, and tea or coffee.
A normal Dutch working day is from nine to five. Between twelve and one, people
have a half hour break.
During a working day most people drink a lot of coffee. They take a break, walk to
the coffee machine, chat with colleagues and go back to work.
At lunch time people usually have bread and cheese or ham brought from home,
coffee again or milk and maybe an apple. Lunch is functional and quick.
At six, people have dinner. The typical components of a Dutch dinner are meat, po-
tatoes and vegetables – brown, yellow and green. As dessert the Dutch like yoghurt
or **vla**, which is a kind of soft vanilla or chocolate pudding.
In the evening most people have a cup of coffee again or a cup of tea.

**Doe nu de consolidation op de website. Als je klaar bent met de
oefeningen kun je de test bij hoofdstuk 4 maken.**

**Op de volgende pagina vind je de alfabetische woordenlijst
bij dit hoofdstuk.**

aankleden (zich -)	to get dressed	kat, de	cat, the
aantrekken	to put on	klok, de	clock, the
afspreken	to make an appointment	knap	handsome
afwassen	to wash the dishes	kop, de	cup, the
agenda, de	agenda, the	krul, de	curl, the
avond, de	evening, the	kwart	quarter
's avonds	in the evening	laat	late
bed, het	bed, the	leren	to learn / to teach
beginnen	to begin	lief	sweet, nice
bij	at	lunchen	to have lunch
boterham, de	sandwich, the / slice of bread, the	maandag	Monday
		middag, de	afternoon, the
bovendien	moreover	's middags	in the afternoon
broek, de	trousers, the	misschien	maybe
bruin	brown	morgen, de	morning, the
college, het	lecture, the	's morgens	in the morning
computer, de	computer, the	naar	to, towards
computerspelletje, het	computer game, the	nemen	to take
daarna	after that	nieuws, het	news, the
dag, de	day, the	ochtend, de	morning, the
dan	then	's ochtends	in the morning
dinsdag	Tuesday	om	at
donderdag	Thursday	ontbijten	to have breakfast
douche, de	shower, the	opendoen	to open up
douchen	to shower	opstaan	to get up / to stand up
eruitzien	to resemble, to look like	over	after
eten, het	food , the / meal, the	parkeren	to park
gek	crazy	pas	only
gewoon	just / normal	pasta, de	pasta, the
haasten (zich -)	to hurry up	prikken	to prick
half	half	puist, de	pimple, the
hardlopen	to run	raam, het	window, the
hond, de	dog, the	restaurant, het	restaurant, the
intelligent	intelligent	scheren (zich -)	to shave
irritant	irritating	schoonmaakmiddel, het	cleaning agent, the
juist	correct	schoonmaken	to clean

soms	sometimes
sporten	to go sporting, to exercise
stof, het	dust, the
T-shirt, het	T-shirt, the
tandenpoetsen	to brush one's teeth
televisie, de	television, the
thee, de	tea, the
toch	anyway / nevertheless
tomatensaus, de	tomato sauce, the
uitgaan	to go out
uitlaten (de hond -)	to walk the dog
uitslapen	to sleep late
universiteit, de	university, the
uur, het	hour, the
verliefd	in love
vet	greasy / fat
voor	before, to
voorstellen (zich -)	to introduce
vriend, de	friend, the
vrijdag	Friday
vroeg	early
wanneer	when
wassen (zich -)	to wash
water, het	water, the
week, de	week, the
werk, het	work, the
willen	want
woensdag	Wednesday
zaterdag	Saturday
zeep, de	soap, the
zelfs	even
ziekenhuis, het	hospital, the
zondag	Sunday
zullen	shall

Wat kost dat?

Doe eerst de **preparation** op de website.

After this chapter you can:

- do grocery shopping
- ask where something is
- ask the price
- ask the weight
- name the months

de zinnen af.

1   Ik doe mijn boodschappen meestal bij _____ (naam supermarkt).

2   Ik doe _____ keer per week boodschappen; op _____ (dag / dagen).

3   Ik koop veel vers fruit in de maanden _____ (maanden).

4   Ik ga meestal om _____ uur naar de supermarkt.

5   Ik betaal per week ongeveer _____ euro voor de boodschappen.

6   Ik koop geen _____ in de supermarkt.

7   Ik ga vaak / niet vaak / nooit naar de markt.

8   Ik vind boodschappen doen leuk / niet zo leuk / vreselijk.

Praat over de antwoorden met een paar medecursisten.

Dagen en maanden

Dagen:	*Maanden:*	
maandag	januari	juli
dinsdag	februari	augustus
woensdag	maart	september
donderdag	april	oktober
vrijdag	mei	november
zaterdag	juni	december
zondag		

Oefening 2

Luister naar de dialoog. Kruis aan wat Tim moet kopen. Wat staat niet op zijn lijstje?

Boodschappenlijstje
- ☐ melk
- ☐ vanillevla
- ☐ yoghurt
- ☐ spaghetti
- ☐ tomatensaus
- ☐ rundergehakt
- ☐ half-om-halfgehakt
- ☐ 1 fles rode wijn
- ☐ sla
- ☐ kaas
- ☐ brood
- ☐ een krat bier
- ☐ 1 blik tomaten
- ☐ toiletpapier

Tim moet nog _____ op zijn lijstje schrijven.

Lees nu de dialoog op bladzijde 123-124.

Gewicht

	Let op:
1 kilo = 1000 gram	2 kilo
1 pond = een halve kilo = 500 gram	2 pond
1 ons = 100 gram	2 ons
	500 gram

Oefening 3
Zet de goede letter bij de tekst.

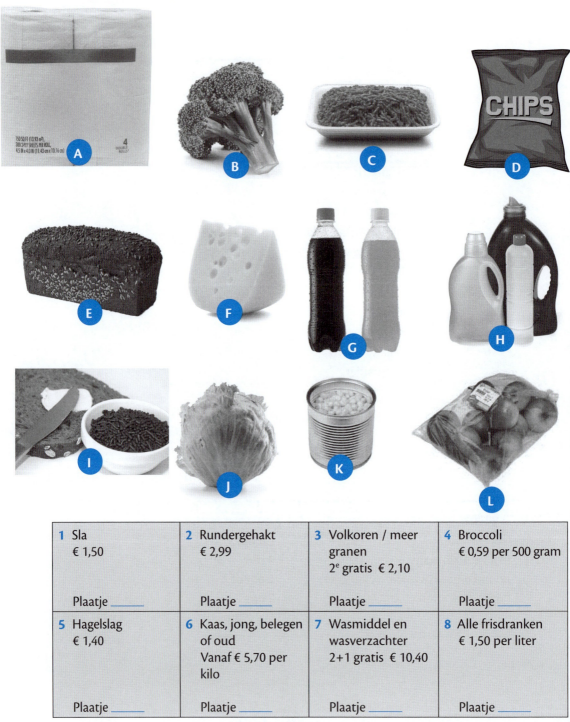

1 Sla
   € 1,50
	2 Rundergehakt
	   € 2,99
		3 Volkoren / meer
		   granen
		   2^e gratis € 2,10
			4 Broccoli
			   € 0,59 per 500 gram

Plaatje _____	Plaatje _____	Plaatje _____	Plaatje _____

5 Hagelslag
   € 1,40
	6 Kaas, jong, belegen
	   of oud
	   Vanaf € 5,70 per
	   kilo
		7 Wasmiddel en
		   wasverzachter
		   2+1 gratis € 10,40
			8 Alle frisdranken
			   € 1,50 per liter

Plaatje _____	Plaatje _____	Plaatje _____	Plaatje _____

9 Appels nieuwe oogst € 1,50 per kilo	10 Mais in blik € 0,65	11 Chips, naturel / paprika € 0,70 per zak	12 Toiletpapier € 1,40
Plaatje _____	Plaatje _____	Plaatje _____	Plaatje _____

Vragen en reacties

Vragen naar de prijs

| Wat kost de kaas? | De kaas kost vijf euro zeventig per kilo. |
| Hoeveel kost de kaas? | De kaas kost vijf zeventig per kilo. |

Vragen naar het gewicht

Hoeveel weegt dit stuk?	Dit stuk weegt twee kilo.
Wat weegt dit stuk?	Dit stuk is twee kilo.
Hoe zwaar is dit stuk?	

Vragen naar een product

Mag ik ...?	Ja, natuurlijk.
Geeft u mij (dan) maar ...	Anders nog iets?
Ik wil graag ...	Is dat alles?
..., graag.	Kijkt u eens.

 Oefening 4
Maak samen een paar dialogen. Gebruik de informatie van oefening 3.

Voorbeeld:

Verkoper:	Dag, kan ik u helpen?
Klant:	Wat kost de kaas?
Verkoper:	De kaas kost vijf euro zeventig per kilo.
Klant:	Geeft u mij dan maar een halve kilo kaas.
Verkoper:	Kijkt u eens. Anders nog iets?
Klant:	Nee, dat is alles.

Vragen en begrijpen waar iets is

1^e = eerste; 2^e = tweede; 3^e = derde; 4^e = vierde; 5^e = vijfde

links ←————————————————————————→ **rechts**

Waar zijn / liggen de peren?

De peren zijn / liggen **naast** de bananen.
De peren zijn / liggen **links van** de bananen.
De peren zijn / liggen **bij** het fruit.
De peren zijn / liggen **in** de **tweede** gang **links**.
De peren zijn / liggen **aan het eind** van de gang.
De peren zijn / liggen **aan het begin** van de gang.

Oefening 5
Kijk naar de plattegrond van de supermarkt. Werk samen. Stel elkaar vragen.
Kies uit: spaghetti — bier — chocola — pizza — kaas — appels — cola —
        chips — wortels — melk — afwasmiddel — volkoren brood —
        hagelslag — ijs — speculaas

Voorbeeld:

Cursist A:	Waar zijn de appels?
Cursist B:	De appels liggen bij het fruit.
	De appels liggen in de tweede gang.
	De appels liggen naast de groenten.

	zuivel (melk/boter/kaas)	vleeswaren	brood	flessen-automaat
vis en vlees	ontbijt-producten	fruit	groente	sigaretten/ kranten
	soepen/ sauzen	pasta / rijst	huishoud-artikelen	kassa
				kassa
	frisdrank	diepvries (pizza/ijs)	koekjes / snacks	kassa

ingang

Oefening 6

Luister naar de dialoog en beantwoord de vragen.

1 De mevrouw wil een kortingskaart.   waar / niet waar
2 De mevrouw wil een tasje.   waar / niet waar
3 Het kost € 10,50.   waar / niet waar
4 De mevrouw pint.   waar / niet waar

Kijk naar de tekst op bladzijde 124 en controleer je antwoorden.
Speel de dialoog na.

Oefening 7

Luister naar de docent. Wat betekenen de zinnen? Werk samen.

		Betekent:
Kweet∂tniet.	1	_____
Dasgoed.	2	_____
Tis koud.	3	_____
Gaat∂t?	4	_____
Kheb geen geld bij me.	5	_____
Kheb∂t koud.	6	_____
Kben vandaag jarig.	7	_____
Hoewheet d∂r vriend?	8	_____
Wats z∂n naam?	9	_____
Zegg∂t maar.	10	_____

Zeg de zinnen na.

Oefening 8

Dit is het vervolg van de internetopdracht (Preparation, Vocabulary, Exercise 4).
Jullie gaan een feest geven. Iedereen heeft een boodschappenlijst voor het feest:
25 personen, € 125,-.

Vergelijk je boodschappenlijstje met dat van je medecursisten.
Maak nu samen een nieuw lijstje.

Oefening 9

Werk in tweetallen. Maak een uitnodiging voor het feest.

Beste _____,

Wij geven een _____!

Het is op _____. (dag, datum)

Het begint om _____. (tijd)

Het is bij _____. (naam)

_____. (adres)

Laat even weten of je komt.

Groeten,

_____

Oefening 10

Geef de uitnodiging aan een medecursist. Praat samen over het feest.

Voorbeeld:
Cursist A: Kom je naar mijn feest?
Cursist B: Wanneer is het?
Cursist A: Het feest is zaterdag om 21.00 uur bij John.
Cursist B: Zaterdag? Sorry, dan kan ik niet.

De plaats van **niet**

– voor een adjectief/adverbium	Het brood is **niet** groot.
– voor een prepositie	Het brood ligt **niet** naast de kaas.
– na een tijdsbepaling	Ik kom vanmiddag **niet**.

Oefening 11
Reageer op de vraag. Denk aan de plaats van *niet*.

Voorbeeld:
Cursist A: Kom je vanavond?
Cursist B: Nee, ik kom vanavond niet.

Cursist B: Is Anna groot?
Cursist A: Nee, Anna is niet groot.

Cursist A	**Cursist B**
Ben je vandaag jarig?	Komt je vriend uit Duitsland?
Begrijp je het?	Kook je vanavond?
Ga je vandaag sporten?	Wil je dansen?
Wil Julia naar het feest?	Is die winkel maandag open?
Is je fiets nieuw?	Ken je Tim?

Oefening 12
Lees de tekst en combineer.

Het ontbijt
Nederland staat bekend om de boterham. 's Morgens snel een boterham eten en een kopje thee drinken. Maar in Engeland eten ze bijvoorbeeld eieren, spek, worst en bonen in tomatensaus. En in Amerika cornflakes, bagels of pannenkoekjes. De Fransen beginnen de dag met een croissantje of stokbrood met jam. In Indonesië eten ze 's morgens wat de Nederlanders liever 's avonds eten: nasi goreng.
Sommige Nederlanders vinden een boterham te saai en eten liever yoghurt met muesli of met fruit. Maar veel tijd moet het niet kosten.

1	nasi goreng	a	spek
2	Engels ontbijt	b	Frankrijk
3	stokbrood	c	muesli
4	snel	d	Nederlanders
5	yoghurt	e	Indonesiërs

Oefening 13
Kijk naar de woordenlijst en <u>onderstreep</u> de woorden die bestaan uit twee woorden.

Voorbeeld:
<u>wasmiddel</u> → was + middel

To save money

The Dutch love to save money. So there are special cards from all kinds of shops or supermarkets. If you have saved a certain number of points you can get things cheaper or for free. You can also get a discount by using your shop card. You don't need to collect points, you just use the card to save money. For example, the **bonuskaart** from Albert Heijn (AH) supermarket gives a discount on different groceries each week.

Supermarkets or shops also have an advantage, of course. They can see exactly who buys what and when. And tempt you to buy at their shops.

Doe nu de consolidation op de website. Als je klaar bent met de oefeningen kun je de test bij hoofdstuk 5 maken.

 Op de volgende pagina vind je de alfabetische woordenlijst bij dit hoofdstuk.

aanbieding, de	offer, the	**hagelslag, de**	chocolate sprinkles, the
afwasmiddel, het	dishwashing detergent, the	**helpen**	to help
alle	all	**huishoudartikel, het**	household product, the
appel, de	apple, the	**ijs, het**	ice cream, the
april	April	**ingang, de**	entrance, the
augustus	August	**jam, de**	marmalade, jam, the
begrijpen	to understand	**januari**	January
bekendstaan om	to been known for	**jarig**	having your birthday
betalen	to pay	**jong belegen kaas, de**	young matured cheese, the
bier, het	beer, the	**jonge kaas, de**	young cheese, the
bijna	almost	**juli**	July
blik, het	can, the	**juni**	June
boodschap, de	grocery, the / message, the	**kaas, de**	cheese, the
boon, de	bean, the	**kassa, de**	cash register, the
broccoli, de	broccoli, the	**kilo, de**	kilo, the
brood, het	bread, the	**koekje, het**	cookie, the
chips, de	potato chips, the	**komkommer, de**	cucumber, the
chocola, de	chocolate, the	**kopen**	to buy
cola, de	coca cola, the	**kortingskaart, de**	discount card, the
december	December	**krat, het**	crate, the
derde	third	**liever**	rather
diepvries, de	freezer, the	**liggen**	to be located
eerste	first	**lijstje, het**	list, the
februari	February	**links**	left
feest, het	party, the	**liter, de**	litre, the
fijn	nice	**maart**	March
frisdrank, de	soft drink, the	**mais, de**	corn, the
fruit, het	fruit, the	**markt, de**	market, the
ga uw gang	go ahead	**meenemen**	to take along
gang, de	corridor, hall, the	**meer**	more
gewicht, het	weight, the	**meergranenbrood, het**	multi grain bread, the
gram, het	gram, the	**mei**	May
gratis	for free	**melk, de**	milk, the
groente, de	vegetable, the	**muesli, de**	muesli, the
groot	big	**naast**	next to

november	November	stuk, het	piece, the
oktober	October	supermarkt, de	supermarket, the
ons, het	100 grams	tas, de	bag, the
oogst, de	harvest, the	tasje, het	little bag, the
open	open	toiletpapier, het	toilet paper, the
oude kaas, de	old cheese, the	tomaat, de	tomato, the
over	about	tot	till
pannenkoek, de	pancake, the	totaal	total
paprika, de	capsicum, pepper, the	tweede	second
pardon	excuse me, sorry	uitgang, de	exit, the
peer, de	pear, the	uitnodiging, de	invitation, the
per	per	vanaf	starting at
pinnen	to pay by card	vergeten	to forget
pizza, de	pizza, the	vierde	fourth
plastic zak, de	plastic bag, the	vijfde	fifth
pond, het	half a kilo (500 grams)	vla, de	custard, pudding, the
portemonnee, de	wallet, the	vlees, het	meat, the
prijs, de	price, the	vleeswaren, de	meat products, the
rechts	right	volkorenbrood, het	whole wheat bread, the
rijst, de	rice, the	wasmiddel, het	detergent, the
rol, de	roll, the	wasverzachter, de	wash softener, the
rood	red	wegen	to weigh
rundergehakt, het	minced beef, the	wijn, de	wine, the
saai	boring	winkel, de	shop, the
saus, de	sauce, the	worden	to become
september	September	worst, de	sausage, the
sinas, de	orange soda, the	wortel, de	carrot, the
sla, de	lettuce, the	yoghurt, de	yoghurt, the
snack, de	snack, the	zak, de	bag, the
soep, de	soup, the	zuivel, de	dairy products, the
sommige	some	zwaar	heavy
spaghetti, de	spaghetti, the		
speculaas, de	ginger cookie, the		
spek, het	bacon, the		
stokbrood, het	French bread, the		
straks	later		

Van welk spoor vertrekt de trein?

Doe eerst de **preparation** op de website.

After this chapter you can:
- ask about arrival and departure times
- ask where the bus goes / stops
- book a trip
- book a hotel room

Oefening 1

1	Ga je vaak met de trein?	ja / nee
2	Ga je weleens met de bus?	ja / nee
3	Heb je een fiets?	ja / nee
4	Heb je een auto?	ja / nee
5	Vlieg je graag?	ja / nee

Praat hierover met een medecursist.

Oefening 2
Luister naar de dialoog en beantwoord de vragen.

1	Met John gaat het goed.	waar / niet waar
2	Rick is om 9.45 uur in Enschede.	waar / niet waar
3	John haalt Rick op omdat dat gezellig is.	waar / niet waar
4	Rick moet bellen als hij op het station is.	waar / niet waar
5	Rick en John zien elkaar vanmiddag.	waar / niet waar

Lees nu de tekst op bladzijde 124-125.

Oefening 3
Je gaat met de trein een weekend naar Den Haag. Je wilt een hotel reserveren. Zet de zinnen in de goede volgorde.

	Twee personen. Prima. Wilt u met of zonder ontbijt?
	Dat is dan zaterdag 12 oktober. Voor hoeveel personen?
	Goedemorgen, ik wil graag een kamer reserveren.
	Goed, tot zaterdagmiddag dan.
	Liever een douche.
	Dat kost € 12,- per persoon.
	Voor twee personen.
	Dat kan. Voor wanneer?
	Wat kost het ontbijt?
	Dus een kamer voor twee personen, zonder ontbijt. Wilt u een bad of een douche?
	Het staat genoteerd. Dan zie ik u zaterdag. U kunt na 14.00 uur inchecken.

1	Goedemorgen, met hotel de Zwaan.
	Voor aanstaande zaterdag.
	Oké, doe maar zonder ontbijt.

Speel de dialoog na.

Oefening 4
Maak nu zelf een dialoog. Gebruik de informatie hieronder.

Cursist A

Cursist B belt naar Hotel Rembrandt –
Amsterdam centrum
Tweepersoonskamer met douche en wc:
€ 75 (inclusief ontbijt)
Tweepersoonskamer met bad en wc:
€ 85 (inclusief ontbijt)

Cursist B

Cursist A belt naar Hotel Zeezicht –
Scheveningen
Tweepersoonskamer met douche en wc:
€ 69 (exclusief ontbijt)
Driepersoonskamer met douche en wc:
€ 80 (exclusief ontbijt)
Gratis WIFI

Oefening 5
Werk in tweetallen.

Voorbeeld:
Ik reserveer dit hotel, want [zijn – mooi]
Ik reserveer dit hotel, want het hotel is mooi.
Ik reserveer dit hotel niet, omdat [zijn – niet – mooi]
Ik reserveer dit hotel niet, omdat het hotel niet mooi is.

1 Ik reserveer dit hotel, want [zijn – luxe]
2 Ik reserveer dit hotel, omdat [zijn – luxe]
3 Ik reserveer dit hotel, want [liggen – in het centrum]
4 Ik reserveer dit hotel, omdat [liggen – in het centrum]
5 Ik reserveer dit hotel niet, want [zijn – duur]
6 Ik reserveer dit hotel niet, omdat [zijn – duur]
7 Ik reserveer dit hotel niet, want [zijn – niet – centrum]
8 Ik reserveer dit hotel niet, omdat [zijn – niet – centrum]

Oefening 6

Luister naar de docent. Hoe klinken de onderstreepte letters?

reiz<u>e</u>n	treinkaart<u>je</u>
kam<u>e</u>r	pl<u>e</u>zier
reserv<u>e</u>ren	vertrektij<u>de</u>n
Ned<u>e</u>rland	goed<u>e</u>morgen
pinn<u>e</u>n	uitstapp<u>e</u>n
bushalt<u>e</u>	b<u>e</u>talen
eig<u>e</u>nlijk	r<u>e</u>tourtje

Zeg de woorden nu na.

Oefening 7

Maak zinnen met *omdat*. Werk in tweetallen.

Voorbeeld:
Cursist A: Waarom studeer je Nederlands?
Cursist B: Omdat ik in Nederland woon.
Cursist A: Jij studeert Nederlands, omdat je in Nederland woont.

Wissel daarna van rol.

Cursist A
1 Waarom – gaan – de trein?
2 Waarom – niet komen?
3 Waarom – gaan – Amsterdam?
4 Waarom – gaan – oom?
5 Waarom – gaan – station?

Cursist B
1 Geen auto hebben
2 Geen tijd hebben
3 Leuk vinden
4 Jarig zijn
5 Trein halen

Cursist B
1 Waarom – niet eten?
2 Waarom – kaartje kopen?
3 Waarom – te laat komen?
4 Waarom – niet komen – met de bus?
5 Waarom – hebben – geen kortingskaart?

Cursist A
1 Geen honger hebben
2 Geen ov-chipkaart hebben
3 Fiets kapot zijn
4 Geen geld hebben
5 Te duur zijn

Imperatief

Neem de trein op spoor 8.
Ga met de bus naar het station.
Leg je kaartje op tafel.
Zet je tas onder de stoel.

Preposities

De trein vertrekt **van** spoor 8.
De bus stopt **tegenover** het postkantoor.
We gaan **met** de trein.
Het station ligt **naast** het politiebureau.
Ze zitten **in** de trein.
Het postkantoor ligt **links van** het station.
Het station ligt **rechts van** het postkantoor.

Oefening 8
Je ziet hier een oplaadautomaat. Geef elkaar instructies. Gebruik de gegeven.

Voorbeeld:
naar de automaat – lopen > Loop naar de automaat.

1 de ov-chipkaart – insteken
2 'opladen' – kiezen
3 het oplaadbedrag – selecteren
4 betaalpas – invoeren
5 instructies op het beeldscherm – volgen
6 de opgeladen ov-chipkaart – uitnemen
7 ov-chipkaart voor de kaartlezer van de bus of de trein – houden
8 bij het instappen – inchecken
9 bij het uitstappen – uitchecken
10 in te checken en uit te checken – niet vergeten

Oefening 9

Luister naar de tekst en beantwoord de vragen.

1   De trein naar Nijmegen vertrekt vandaag van spoor _____.

2   De volgende trein vertrekt om _____.

3   De reiziger koopt een enkeltje / een retourtje.

4   De reiziger krijgt wel / geen korting.

5   De reiziger moet € _____ betalen.

**Kijk nu naar de dialoog op bladzijde 125 en spreek de dialoog na.
Probeer het ook zonder tekst.**

Oefening 10

Maak nu zelf een dialoog. Gebruik de onderstaande informatie.

Cursist A	Cursist B
Vraag de vertrektijd.	Vraag de vertrektijd.
Vraag de aankomsttijd.	Vraag hoelang de reis duurt.
Vraag hoeveel het kost. Je hebt een kortingskaart.	Moet je overstappen? Hoe vaak? Waar?
Vraag van welk perron de trein vertrekt.	Vraag hoeveel het kost zonder korting.

Uw reis van Nijmegen naar Rotterdam		Uw reis van Alkmaar naar Amersfoort	
woensdag		donderdag	
Reistijd: 1:35		Reistijd: 1:23	
08:47 Nijmegen spoor 4a		09:42 Alkmaar spoor 5	
NS Intercity richting Roosendaal		NS Intercity richting Nijmegen	
09:49 Breda spoor 7		10:12 Amsterdam Sloterdijk spoor 5	
09:57 Breda spoor 8		10:16 Amsterdam Sloterdijk spoor 6	
NS Intercity direct richting Amsterdam Centraal		NS Intercity richting Amersfoort	
10:21 Rotterdam Centraal spoor 11		11:05 Amersfoort spoor 1	
Prijs:		**Prijs:**	
2e klas vol tarief	€ 20,40	2e klas vol tarief	€ 14,90
2e klas 40% korting	€ 12,20	2e klas 40% korting	€ 8,90
1e klas vol tarief	€ 34,70	1e klas vol tarief	€ 25,30
1e klas 40% korting	€ 20,80	1e klas 40% korting	€ 15,20

Oefening 11
Beschrijf de plaatjes met de woorden tussen haakjes. Werk samen.

Gebruik: eerst — dan — daarna — vervolgens — tot slot

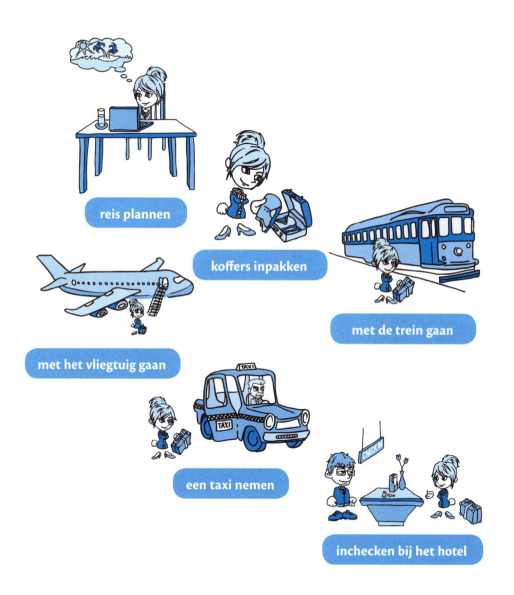

reis plannen

koffers inpakken

met de trein gaan

met het vliegtuig gaan

een taxi nemen

inchecken bij het hotel

Oefening 12

Beantwoord de vragen. Kies tussen *niet* en *geen*.

Cursist A

1 Is de bus vol?
2 Is de chauffeur een man?
3 Is de straat druk?

Bedenk meer vragen voor je medecursist.

Cursist B

1 Staan de reizigers op perron 2b?
2 Is de trein aangekomen?
3 Is het rustig?

Bedenk meer vragen voor je medecursist.

Oefening 13
Lees de tekst en doe de spreekopdracht.

De wc-kaartjes
Twee studenten, Jaap en Wouter, zitten in de trein. Jaap schrikt en zegt: 'Ik ben mijn ov-kaart vergeten!' Wouter zegt: 'Geen probleem, ik weet een oplossing.' 'Hoe bedoel je?', zegt Jaap. Wouter vertelt: 'Ik zat een keer in de trein op de wc. De conducteur kwam controleren. Hij klopte op de wc-deur. Ik schoof mijn ov-kaart onder de deur door. De conducteur controleerde hem en schoof hem weer terug.
Dat doen we nu ook. De conducteur ziet niet dat wij samen op de wc zitten, snap je?'
De twee studenten gaan samen op het toilet zitten. Ze horen een klop op de deur en 'vervoersbewijs alstublieft'. Wouter schuift de ov-kaart onder de wc-deur door. Ze horen 'bedankt' en verder niets.
Ze zijn de ov-kaart kwijt.

Vertel dit verhaal kort na. Werk samen.

Oefening 14
Kijk naar de woordenlijst en kies tien substantieven. Maak een diminutief.

Voorbeeld:
de trein → het treintje

Paying on public transport in the Netherlands

The ov-chipkaart is the payment method for public transport in the Netherlands. With an ov-chipkaart you do not have to think about individual tickets. You load the card with credit in euros or travel products such as single journeys or a monthly or annual ticket and you are ready to travel.

Personal ov-chipkaart € 7.50

What are the benefits?

- discount if you are 65+
- automatic credit reload
- personal monthly or annual tickets possible
- online overview of transactions and trips
- can be blocked if card is lost or stolen
- card is sent to your home
- valid for 5 years

Anonymous ov-chipkaart € 7.50

What are the benefits?

- can be used by several people (not simultaneously)
- for sale at stations, tobacco shops, service counters, supermarkets
- valid 4 to 5 years

Doe nu de **consolidation** op de website. Als je klaar bent met de oefeningen kun je de test bij hoofdstuk 6 maken.

 Op de volgende pagina vind je de alfabetische woordenlijst bij dit hoofdstuk.

aankomen	to arrive	invoeren	to enter
aankomsttijd, de	arrival time, the	kaartlezer, de	card reader, the
aanstaande	coming	kamer, de	room, the
als	when / as / if	kapot	broken
bad, het	bath, the	kiezen	to choose
bedoelen	to mean	knippen	to cut
bedrag, het	amount, the	koffer, de	suitcase, the
beeldscherm, het	screen, the	korting, de	discount, the
bellen	to call (on the phone)	kwam (komen)	came (to come)
betaalpas, de	bank card, the	kwijt	lost
bezoek, het	visit, the	leggen	to lay
bushalte, de	bus stop, the	luxe	luxurious
centrum, het	centre, the	makkelijk	easy
chauffeur, de	driver, the	medewerker, de	employee, the
conducteur, de	driver, the	missen	to miss
contant	cash	normaal	usually
dicht bij	close to	noteren	to note down
duren	to take / to last for	omdat	because
duur	expensive	onder	under
eerst	first	ophalen	to pick up / to fetch
eigenlijk	actually	opladen	to upload
enkeltje, het	single ticket, the	oplossing, de	solution, the
geen dank	don't mention it	ov-chipkaart, de	public transport card, the
geld, het	money, the	overstappen	to change
goedemorgen	good morning	perron, het	platform, the
honger hebben	to be hungry	plannen	to plan
honger, de	hunger, the	plezier, het	fun, the
horen	to hear	postkantoor, het	post office, the
hotel, het	hotel, the	probleem, het	problem, the
houden	to hold	reis, de	trip, the
inchecken	to check in	reisbureau, het	travel agency, the
informatie, de	information, the	reisbureaumedewer-ker, de	travel agent, the
inpakken	to pack	reiziger, de	passenger, the
instappen	to get in	reserveren	to make a reservation
insteken	to put in	retourtje, het	return ticket, the
instructie, de	instructions, the		

schoof (schuiven)	shoved (to shove, to move)	weleens	ever
schrikken	to be startled	weten	to know
selecteren	to select	zat (zitten)	sat (to sit)
snappen	to understand	zetten	to put
spoor, het	track, the	zonder	without
station, het	station, the		
stoel, de	chair, the		
tafel, de	table, the		
taxi, de	taxi, the		
tegenover	across from		
telefoon, de	telephone, the		
terug	back		
toilet, het	toilet, the		
tot slot	finally		
trein, de	train, the		
treinkaartje, het	train ticket, the		
tweepersoons	two persons		
uitchecken	to check out		
uitnemen	to take out		
uitstappen	to get out		
vaak	often		
vandaag	today		
verder	then / further		
vertraging, de	delay, the		
vertrekken	to leave		
vertrektijd, de	departure time, the		
vervolgens	next		
vliegen	to fly		
vliegtuig, het	airplane, the		
vol	full		
volgen	to follow		
volgend	next		
waarom	why		
wachten	to wait		
wc, de	toilet, the		

Waar woon je?

Doe eerst de **preparation** op de website.

After this chapter you can:
- talk about your house
- ask someone's address

Oefening 1
Beantwoord de vragen.

1 Ik woon in een kamer / een studio / een appartement / een huis.

2 Ik woon op de _____ verdieping.

3 In mijn huis wonen _____ personen.

4 Mijn kamer is _____ (oppervlakte).

5 In mijn huis is / zijn _____ badkamer(s), _____ keuken(s)

en _____ wc('s).

6 Bij mijn huis is een tuin / dakterras / balkon.

7 Is er een supermarkt in de buurt? Nee. / Ja, de_____.

8 Ik betaal per maand € _____ exclusief / inclusief internet.

Bespreek de antwoorden met een medecursist.

> **Oppervlakte**
>
> Hoe groot is jouw kamer?
> Mijn kamer is 16 m². Mijn kamer is zestien vierkante meter.
> Mijn kamer is vier bij vier.
> Mijn kamer is 6 meter lang en 4 meter breed.

Oefening 2
Luister naar een dialoog tussen Lisa en Julia. Kruis aan.

Lisa's kamer is	Julia's kamer is	Lisa en Julia willen
☐ te duur	☐ te duur	☐ een lichte woning
☐ te donker	☐ te donker	☐ een appartement
☐ te ver weg	☐ te ver weg	☐ een gezellige woning
☐ te klein	☐ te klein	☐ een goedkope woning

Controleer je antwoorden met de tekst op bladzijde 125.

Oefening 3
Kies het juiste woord. Werk samen.

Kies uit: deze — die — dit — dat

Voorbeeld:
Cursist A: De kamer is goedkoop. (hier)
Cursist B: Deze kamer is goedkoop.

Cursist A
1 De woonkamer is ruim. (daar)
2 De stoel is voor jou. (hier)
3 Van wie is de fiets? (daar)
4 Is het boek van jou? (hier)

Cursist B
1 Is het schilderij van Van Gogh? (daar)
2 De meubels zijn van mij. (hier)
3 Het appartement is duur. (hier)
4 De keuken is mooi. (hier)

Oefening 4
Zoek de zeven verschillen. Gebruik de comparatief en gebruik deze/die/dit/dat. Werk samen.

Voorbeeld:
Kamer 1 heeft meer ramen dan kamer 2.

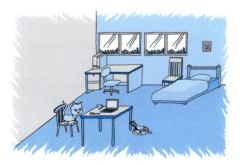

Prijs € 450,-, inclusief, 10 minuten fietsen van het centrum

Prijs € 400,-, inclusief, in het centrum

Positiewerkwoorden

Liggen
Het boek **ligt** op de trap.

Zitten
Het boek **zit** in de tas.

Staan
Het boek **staat** in de boekenkast.

Hangen
De tas **hangt** aan de kapstok.

 ### Oefening 5
Kijk naar de plaatjes van oefening 4. Stel elkaar vragen en geef antwoord.

Voorbeeld:
Cursist A: Waar is het kopje?
Cursist B: Het kopje staat op de tafel.

Gebruik de woorden: aan de muur — op de grond — in de tas — op het bed — op de tafel

Cursist A
Waar is het bed?
Waar is het kussen?
Waar is het schilderij?
Waar is de tas?
Waar is de pen?

Cursist B
Waar is de stoel?
Waar is de kat?
Waar is de tafel?
Waar is de computer?
Waar is de krant?

Stel nu vragen over de echte (slaap)kamer van de ander.

Voorbeeld:
Cursist A: Waar staat jouw bed?
Cursist B: Mijn bed staat onder het raam.

 ### Oefening 6
Kijk naar het plaatje van oefening 4. Wat zie je? Maak zinnen die beginnen met *er*. Werk samen.

Voorbeeld:
Er hangt een schilderij aan de muur.

Oefening 7

Luister naar de docent. Hoe klinken de onderstreepte letters?

Nederlands is best moeilijk.
Mijn vader is altijd geduldig.
Wil je eigenlijk naar het feest?
Is je hond dood? Vreselijk!
Mijn vriendin en ik zijn heel gelukkig.
Ben je morgen jarig?
Gezellig dat je komt eten.
Ik vind Engels makkelijk.

Zeg de zinnen na.

 Oefening 8

Stel elkaar vragen. Begin met 'Op welke verdieping is er …?'

Voorbeeld:
Cursist A: Op welke verdieping is er een douche?
Cursist B: Op de vierde verdieping is er een douche.

 Oefening 9

Luister naar de dialoog en beantwoord de vragen.

1 Tim kijkt televisie op zijn kamer. waar / niet waar
2 Anna wil koffie drinken in de tuin. waar / niet waar
3 Anna zit niet graag in de zon. waar / niet waar
4 De werkkamer is niet warm. waar / niet waar
5 Tim heeft vaker examen dan Anna. waar / niet waar
6 Tim studeert nooit in de bibliotheek. waar / niet waar

Lees nu de dialoog op bladzijde 126.

Oefening 10
Loop rond. Stel elkaar vragen.

Geef antwoord met: altijd — bijna altijd — vaak — regelmatig — soms — af en toe — zelden — nooit

Voorbeeld:
Cursist A: Zit je vaak op je balkon?
Cursist B: Ik zit nooit op mijn balkon.
Cursist A: Ga je weleens in bad?
Cursist B: Ik ga zelden in bad.

Oefening 11
Vergelijk met een medecursist de drie kamers die je op internet hebt gevonden (in de internetopdracht (Preparation, Vocabulary, Exercise 3).

Voorbeeld:
Mijn kamer is groter dan jouw kamer, maar jouw kamer is goedkoper.
Mijn kamer is verder van het centrum, maar jouw kamer is dichter bij het station.

Oefening 12
Lees de tekst en maak de opdracht.

Petra komt thuis van haar werk. Ze parkeert de auto in de garage, gaat naar binnen en gooit haar tas en jas over de kapstok. Ze trekt haar schoenen uit en gaat liggen op de bank in de woonkamer. Haar man vraagt of ze iets wil drinken. Petra wil een glas rode wijn. Haar man komt uit de keuken, brengt haar de wijn en vraagt of er iets is.
'Hoezo?', vraagt Petra. 'Nou,' zegt haar man, 'normaal zeg je mij altijd gedag en je geeft me een kus, je gaat nooit op de bank liggen als je thuiskomt. Bovendien parkeer je de auto bijna altijd voor het huis. Door de week drink je nooit alcohol en meestal drink je witte wijn. Je ziet er ook anders uit dan anders. Ben je naar de kapper geweest? Je haar is korter en blonder.'
Petra kijkt eens goed naar haar man en naar de woonkamer. 'Ik ben een beetje moe, geloof ik', zegt ze, 'en jij moet een bril. Ik denk dat ik niet op nummer zestien ben.'
Petra rent naar de gang, pakt haar tas en jas en doet haar schoenen aan. Ze rent naar de garage en ze rijdt naar nummer zestien.

Zet de volgende woorden in de juiste kolom:
gedag zeggen — een kus geven — rode wijn drinken — witte wijn drinken — moe — op de bank liggen — auto in de garage zetten — kort blond haar

Petra normaal:	Petra vandaag:

Oefening 13

Kijk naar de woordenlijst en <u>onderstreep</u> de woorden die je moeilijk vindt.

Architect Piet Blom

In the early seventies, Dutch architect Piet Blom designed **cube houses**. Each cube 'stands' on one point on a pylon, giving the effect of a tree. The idea was to create more public ground space left under the houses.

The houses have a ground floor entrance, a first floor with the living room and kitchen, a second floor with two bedrooms and a bathroom, and a top floor sometimes used as a sun room or a small garden. The walls and windows are all angled, so only three quarters of the space can be used.
You can find the houses in Helmond near Eindhoven and in Rotterdam.

Doe nu de **consolidation** op de website. Als je klaar bent met de oefeningen kun je de test bij hoofdstuk 7 maken.

Op de volgende pagina vind je de alfabetische woordenlijst bij dit hoofdstuk.

af en toe	once in a while, some-times	**hoezo**	why, how so
anders	different	**huren**	to rent
appartement, het	apartment, the	**idee, het**	idea, the
badkamer, de	bathroom, the	**iets**	something
balkon, het	balcony, the	**jas, de**	jacket, coat, the
bank, de	couch, bench, the / bank, the	**kapper, de**	hairdresser, the
		kapstok, de	coat rack, the
begane grond, de	ground floor, the	**krant, de**	newspaper, the
belangrijk	important	**kus, de**	kiss, the
bestaan	to be / to exist	**kussen, het**	pillow, the
bibliotheek, de	library, the	**lamp, de**	lamp, the
binnen	inside	**licht**	light, bright
boekenkast, de	bookcase, the	**lijken**	to seem
brengen	to bring	**maand, de**	month, the
buiten	outside	**meubels, de**	furniture, the
bureau, het	desk, the	**minder**	less
buurt, de	neighbourhood, the	**muur, de**	wall, the
daarom	that's why, therefore	**oppervlakte, de**	surface, the
dak, het	roof, the	**regelmatig**	regular, frequently
delen	to share	**rijden**	to drive
deze	this	**ruim**	spacious
die	that	**schijnen**	to shine
dit	this	**schilderij, het**	painting, the
donker	dark	**schoen, de**	shoe, the
door de week	during the week	**staan**	to stand
eigen	own	**suiker, de**	sugar, the
er	there	**te**	too
examen, het	test, the	**terras, het**	terrace, the
garage, de	garage, the	**trap, de**	staircase, the
gedag zeggen	to say hello	**tuin, de**	garden, the
goedkoop	cheap	**uittrekken**	to take off
gooien	to throw	**ver**	far
grond, de	ground, floor, the	**ver weg**	far away
handig	convenient / handy	**verdieping, de**	floor, storey, the
hangen	to hang	**vergelijken**	to compare
hier	here	**verhuizen**	to move

vierkante meter, de	square meter, the
volgens	according to
warm	warm
werkkamer, de	study room, the
wit	white
woning, de	housing, the
woonkamer, de	living room, the
zelden	seldom, rarely
zon, de	sun, the

Wat heb je gisteren gedaan?

Doe eerst de **preparation** op de website.

After this chapter you can:
- talk about events in the past
- talk about holiday activities

Oefening 1
Vul in.

1 Ik ben de laatste vakantie naar _____ geweest.
2 Ik heb daar gewandeld / gezwommen / geslapen / een museum bezocht /

_____
3 Ik ben op vakantie gegaan met mijn ouders / een vriend(in) / _____

Oefening 2
Kijk naar de plaatjes.

Kies uit: foto's maken — eten — slapen — zwemmen — zonnen — souvenirs
           kopen — wandelen

1 Ik heb _____

2 _____

3 _____

4 _____

5 _____

6 _____

7 _____

Bespreek je antwoorden met een medecursist.

Oefening 3

Luister naar de dialoog en beantwoord de vragen.

Lisa en Julia gaan samen op vakantie naar Spanje. Lisa begint met spreken. Lisa is niet in Spanje geweest.

1	Lisa heeft haar koffer gepakt.	waar / niet waar
2	Julia heeft haar koffer gepakt.	waar / niet waar
3	Lisa moet een trui meenemen.	waar / niet waar
4	Julia heeft in Spanje in de zon gezeten.	waar / niet waar
5	Julia heeft in Spanje niet gewinkeld.	waar / niet waar

Lees nu de dialoog op bladzijde 126.

Oefening 4

Zet in de juiste volgorde. Wat is het langst geleden?

Vandaag is het vrijdag.

	afgelopen maandag
	gisteravond
1	een jaar geleden
	vorige week
	eergisteren
	in het weekend
	vanmorgen

Werkwoorden van transport

lopen, zwemmen, rijden, varen, wandelen, vliegen, fietsen, reizen

Ik **heb** gelopen.	Ik **heb** gereisd.
Ik **heb** een uur gelopen.	Ik **heb** in Frankrijk gereisd.
Ik **ben** <u>naar</u> het park gelopen.	Ik **ben** <u>naar</u> Frankrijk gereisd.

Oefening 5
Kies: *hebben* of *zijn*. Werk samen.

1   fietsen – van Maastricht naar Groningen

Ik _____

2   wandelen – in Oostenrijk

Wij _____

3   rijden – naar huis

Hij _____

4   varen – naar Engeland

De boot _____

5   schaatsen – in Zwitserland

Ik _____

Oefening 6
Wat heb je gedaan? Gebruik het perfectum. Maak een zin zonder en een zin met inversie. Werk samen.

Voorbeeld:
Cursist A: Ik ben vrijdag naar de film gegaan.
Cursist B: Vrijdag ben ik naar de film gegaan.

om 12.30 uur	lunchen
om 8.00 uur	een douche nemen
afgelopen weekend	opruimen
maandagavond	naar de film gaan
vanmorgen	slapen
om 8.30 uur	ontbijten
afgelopen woensdag	wandelen
gisteravond	koken
eergisteren	voetballen
in het weekend	lekker eten
vanmorgen	afwassen
vannacht	wakker zijn

Oefening 7
Luister naar de docent. Let op de onderstreepte letters.

Heb je veel gelope<u>n</u>?
Ik wil graag een kamer reservere<u>n</u>.
De kindere<u>n</u> hebbe<u>n</u> de hele dag gezwomme<u>n</u>.
Sommige mense<u>n</u> vinde<u>n</u> klimme<u>n</u> in de berge<u>n</u> fantastisch.
Wij gaan onze vakantie via internet boeke<u>n</u>.
In de vakantie wil ik leze<u>n</u>, wandele<u>n</u>, zwemme<u>n</u> en uitslape<u>n</u>.
Die studente<u>n</u> wille<u>n</u> alleen maar vakantie viere<u>n</u>.

Zeg nu de docent na.

 Oefening 8
Stel elkaar vragen over de vakantie. Gebruik de woorden uit het schema.

Voorbeeld:
Cursist A:
(zwembad – gaan)
Hoe laat ben jij naar het zwembad gegaan?

Cursist B:
(zwembad – 10.00 uur)
Om tien uur ben ik naar het zwembad gegaan.

Cursist A	**Cursist B**
museum – bezoeken	museum – 11.00 uur
boot – nemen	boot – 13.45 uur
kerk – bezichtigen	kerk – 15.30 uur
restaurant – uit eten gaan	restaurant – 20.00 uur

Cursist B	**Cursist A**
trein – nemen	trein – 7.20 uur
strand – gaan	strand – 10.00 uur
ijsje – eten	ijsje – 14.45 uur
zee – zwemmen	zee – 15.30 uur

Oefening 9

Luister naar de dialoog. Wat hebben Lisa en Julia in Spanje gedaan?
Kruis de goede woorden aan.

☐ zonnen ☐ zich vermaken

☐ souvenirs kopen ☐ dansen

☐ zwemmen ☐ in de natuur zijn

☐ een kerk bezoeken ☐ olijven eten

☐ een museum bezoeken ☐ door de stad lopen

Controleer je antwoorden met de tekst op bladzijde 126-127.

Oefening 10

**Maak een programma voor een weekend naar de Efteling. Werk in drietallen.
Gebruik de informatie van de internetopdracht (Preparation, Vocabulary,
Excercise 2).**

8.00 uur _____

9.30 uur _____

_____

_____

_____

_____

_____

_____

_____

_____

_____

Schrijf een uitnodiging aan de groep.
Denk aan: datum, vertrek, aankomst, kosten, transport, extra informatie.

Beste medecursisten,

We gaan dit weekend naar de Efteling! Ga je mee?

Eerst gaan we _____

Dan _____

Daarna _____

Vervolgens _____

Tot slot _____

We logeren _____

We gaan met _____

De vertrektijd _____

We komen _____ aan.

De excursie kost € _____

Extra informatie: _____

Laat je ons weten of je meegaat?

Groetjes,

_____

Kies nu met de groep het beste programma en de beste uitnodiging.

 Oefening 11
Vertel elkaar over je vakantie. Stel elkaar vragen. Werk in tweetallen.

Gebruik:
Wanneer ...?
Waar ...?
Met wie ...?
Hoe ...?
Wat ...?

Oefening 12
Lees de tekst en beantwoord de vragen.

Weet je dat vakantie voor veel mensen heel stressvol is?

Veel mensen dromen van tevoren dat ze het vliegtuig hebben gemist. Ze dromen dat ze hun paspoort of bankpas zijn vergeten. Het hotel bestaat niet of de hotelkamer zit vol vieze beestjes.

Voor sommigen is de stress nog niet afgelopen als ze op vakantie zijn. De rit naar de vakantiebestemming toe is vermoeiend. Vragen als 'Heb je de zwembroeken ingepakt?' geven stress.

Vader en moeder en de kinderen zijn niet gewend om 24 uur per dag bij elkaar te zijn. Ze zijn geïrriteerd of ze krijgen ruzie. Vader wil naar het strand en moeder wil naar een museum, het ene kind wil in de tent liggen en het andere kind wil naar huis. Gezellig.

Na twee weken is het eindelijk zover. De vakantie is afgelopen. Iedereen is weer terug naar school of naar het werk. De buren vragen: 'Hoe is de vakantie geweest?'
'Heerlijk! We hebben een heerlijke vakantie gehad!'

1	De mensen hebben het vliegtuig gemist.	waar / niet waar
2	Het hotel bestaat niet.	waar / niet waar
3	Het is fijn als de vakantie is afgelopen.	waar / niet waar
4	De mensen zeggen dat ze een fijne vakantie hebben gehad.	waar / niet waar

Oefening 13
Kijk naar de woordenlijst en <u>onderstreep</u> de regelmatige werkwoorden. Highlight de onregelmatige werkwoorden.

The Netherlands and the sea

For 2000 years, the Dutch have often had to cope with floods. The name 'Netherlands' gives a clue why, since 'Nether' means 'low' and it literally means 'The Low Countries'. When a storm develops and the wind stirs the waves, the Dutch coastal area can be flooded. The last time it happened on a large scale was just over fifty years ago in the province of Zeeland. In the 1953 flood, almost 2000 people and thousands of cattle lost their lives.

The disastrous floods led to the Delta Works. Although the original idea was to close off all the inlets, ultimately a flood barrier for the Oosterschelde was opted for. This way a unique brackish tidal area could be preserved and so could the mussel and oyster culture.

You can see how the Delta Works came about and the structural tours de force in the construction if you go to Waterland Neeltje Jans at the Oosterschelde Barrier. The Delta Works have made Zeeland safe and provided it with good road connections.

Source: www.zeeland.nl

Doe nu de **consolidation** op de website. Als je klaar bent met de oefeningen kun je de test bij hoofdstuk 8 maken.

Op de volgende pagina vind je de alfabetische woordenlijst bij dit hoofdstuk.

afgelopen	last	paar, het	couple, the
aflopen	to finish	pakken	to pack
bankpas, de	cash card, the	paspoort, het	passport, the
bedenken	to think	rit, de	trip, the
beestje, het	little animal, the	ruzie, de	quarrel, the
berg, de	mountain, the	schaatsen	to ice skate
bezichtigen	to view	school, de	school, the
bezoeken	to visit	slapen	to sleep
bikini, de	bikini, the	souvenir, het	souvenir, the
boeken	to book	strand, het	beach, the
boot, de	boat, the	stress, de	stress, the
buren, de	neighbours, the	stressvol	stressful
dromen	to dream	strijken	to iron
eerder	before	tent, de	tent, the
eergisteren	day before yesterday, the	trouwens	by the way
eindelijk	finally	trui, de	jumper, the
excursie, de	excursion, the	vakantie, de	holidays, the
fantastisch	fantastic	vakantiebestemming, de	holiday destination, the
foto, de	photograph, the		
geleden	ago	van tevoren	beforehand
gisteravond	yesterday evening	vanmorgen	this morning
gisteren	yesterday	vannacht	last night
heerlijk	delicious, lovely, wonderful	varen	to travel by boat
		verbranden	to get a sunburn
ijsje, het	ice cream	vermaken (zich -)	to enjoy oneself
insmeren	to grease / to rub on	vermoeiend	tiring
irriteren	to irritate	vorig	last
kerk, de	church, the	waarschuwen	to warn
klimmen	to climb	wakker	awake
lol, de	fun, the	wennen	to get used to
museum, het	museum, the	winkelen	to shop
nacht, de	night, the	zee, de	sea, the
natuur, de	nature, the	zomer, de	summer, the
nodig	necessary	zonnebrandcrème, de	sun tan lotion, the
olijf, de	olive, the	zonnen	to sunbathe
onvoorzichtig	careless	zwembad, het	swimming pool, the
opruimen	to tidy up	zwembroek, de	bathing trunks, the

9

Mag ik bestellen?

Doe eerst de **preparation** op de website.

After this chapter you can:

- order in a bar or restaurant
- make a reservation at a restaurant
- talk about food and drinks

Oefening 1
Maak de opdracht.

Ik ga nooit / soms / vaak uit eten in een restaurant.

Ik eet graag Nederlands / Frans / Aziatisch / _____ eten.

Bij het eten drink ik meestal wijn / bier / water / frisdrank / niets / _____.

In een restaurant bestel ik meestal een voorgerecht / hoofdgerecht / nagerecht.

Mijn favoriete nagerecht is: _____.

Als ik uit eten ga, geef ik geen / een kleine / een grote fooi.

Bespreek de antwoorden met een medecursist.

Oefening 2
Wie zegt wat? Zet de zinnen in de juiste kolom.

1 Kunnen we bestellen?	7 Een rode wijn, graag.
2 Wilt u de menukaart?	8 Wat is de huiswijn?
3 Heeft het gesmaakt?	9 Wat hebt u op de tap?
4 Mogen we de rekening, alstublieft?	10 Alles naar wens?
5 Hebt u gereserveerd?	11 Laat de rest maar zitten.
6 Ik kom zo bij u.	12 Hebt u een keuze gemaakt?

Ober / serveerster	Klant

Oefening 3
Voer een gesprek. Werk in drietallen.
Je bent in een restaurant. Cursist A is de ober / serveerster. Cursist B en C zijn de klanten. Gebruik de zinnen van oefening 2 en de menukaart hieronder.

Menu

Voorgerechten
Tomatensoep
Griekse salade
Gerookte zalm

Hoofdgerechten
Biefstuk met friet
Tonijn met pasta
Vegetarische taart

Nagerechten
IJs met vruchten
Chocolademousse
Kaas

1 gang: € 14,50
2 gangen: € 18,50
3 gangen: € 21,50

 Oefening 4
Luister naar de dialoog. Vul in.

Tijd: _____

Aantal personen: _____

Telefoonnummer: _____

Lees nu de tekst op bladzijde 127.

Oefening 5

Wat zijn voorgerechten, hoofdgerechten en nagerechten? Zet de woorden in de juiste kolom. Werk samen.

friet, gebakken kipfilet, slagroom, rijst, tomatensoep, groenten, carpaccio met parmezaanse kaas, stokbrood met kruidenboter, chocolademousse, kippensoep, garnalenkroketjes, aardbeienparfait, biefstuk, roerbakgroenten, aardappelpuree, varkenshaas met champignonroomsaus, tagliatelle, gamba's, dame blanche, salade met geitenkaas, kaasplankje, vanillepudding, zalm in kreeftensaus

Voorgerecht	Hoofdgerecht	Nagerecht

Praten over eten

☺	☺	☹
Ik vind ... lekker.	Ik vind ... best lekker.	Ik hou niet van ...
Ik vind ... zalig.	Smaakt het?	Ik vind ... niet lekker.
Ik vind ... heerlijk.	Het gaat wel.	Ik vind ... vies.

Oefening 6

Praat met een medecursist over eten. Wat is jouw favoriete menu? Wat vind je lekker en wat niet?

Gebruik de comparatief (hoofdstuk 7): Ik vind vlees lekkerder dan vis.
Gebruik woorden als: heel, een beetje, niet zo, niet, helemaal niet.

Oefening 7

Luister naar de docent. Let op de uitspraak van *hij*.

1   Heeft hij al besteld?
2   Morgen gaat hij uit eten.
3   Hij heeft vis genomen.
4   Weet hij al wat hij wil?
5   Hij kan goed koken.
6   Komt hij hier iedere dag?

Zeg de zinnen nu na.

Oefening 8

Maak een vriendelijke vraag. Gebruik *zou(den)*. Reageer op de vraag van je medecursist.

Cursist A	Cursist B
fiets lenen	vraag stellen
raam opendoen	pen lenen
menukaart zien	tafel reserveren
afrekenen	betalen

Oefening 9

Stel elkaar vragen. Gebruik de comparatief. Geef antwoord met *dat*.
Gebruik: Ik denk dat …
          Ik vind dat …
          Ik geloof dat …

Voorbeeld:
Cursist A: Wat kook je sneller, een ei of aardappelen?
Cursist B: Ik denk dat je sneller een ei kookt dan aardappelen.

Cursist A	**Cursist B**
1 gezond – een appel of een peer	Ik denk dat …
2 duur – kip of rundvlees	
3 lekker – bier van de tap of bier uit een flesje	
4 goed – in een restaurant of in een eetcafé	

Cursist B	**Cursist A**
1 graag – thuis eten of in een restaurant eten	Ik denk dat …
2 lekker – rode wijn of witte wijn	
3 veel – koffie of thee	
4 ongezond – chips of pinda's	

Oefening 10

**Praat samen over de internetopdracht (Preparation, Vocabulary, Exercise 3).
Werk in drietallen. Vergelijk jullie restaurants.**

1 Welk restaurant is gezellig?
2 Welk menu lijkt jullie lekker?
3 Wat vinden jullie van de prijzen?
4 Waar gaan jullie eten?
5 Waarom gaan jullie daar eten?

Oefening 11

Luister naar de dialoog en beantwoord de vragen.

1 Anna gaat uit eten met een vriendin.	waar / niet waar
2 Frank is ober.	waar / niet waar
3 Anna wil spaghetti bolognese eten.	waar / niet waar
4 Anna gaat rode wijn drinken.	waar / niet waar
5 Anna heeft om 20.00 uur afgesproken.	waar / niet waar
6 Tim mag mee.	waar / niet waar

Controleer je antwoorden met de tekst op bladzijde 127.

Zijn + aan het + infinitief

Wat **ben** je   **aan het**   **doen**?
Ik **ben** een boek   **aan het**   **lezen**.

Oefening 12

Wat ben ik aan het doen? Je medecursist moet raden. Kies een van de volgende activiteiten:

een banaan eten	koffie zetten
boodschappen doen	de afwas doen
een ei bakken	de rekening vragen
een glas wijn drinken	een tafeltje reserveren

Oefening 13

Lees de tekst en combineer de zinnen.

Mijn zus en ik zitten gezellig in een café. We zijn koffie aan het drinken en aan het kletsen over van alles en nog wat. Plotseling zegt ze: 'Hé, kijk eens wie daar zit. Het is Máxima!' Ik zie niets. 'Ze zit precies achter je.' Om haar te kunnen zien moet ik me helemaal omdraaien. Dat doe ik natuurlijk niet. Dat is niet beleefd. Ik zeg tegen mijn zus dat ik naar de wc ga. Zo kan ik onopvallend kijken. Ik loop naar de wc en kijk goed rond. Ik zie iemand zitten met lang blond haar, maar zij is aan het bestellen en heeft haar gezicht achter de menukaart. Ik zie niets.
Op de terugweg van de wc zie ik de blonde vrouw van de achterkant. Ik zie weer niets. Mijn zus vraagt: 'Zie je haar? Dat is haar toch? Wow, ik zie haar in het echt!'
Ik zeg dat ze stil moet zijn.
Dan komt de ober aan ons tafeltje. 'Hebben jullie gezien wie er in ons café zit? Máxima!'
'O, ja?', zegt mijn zus, 'Daar let ik niet op, hoor. Dat vind ik helemaal niet interessant.'

1	Ik denk dat	**a**	Máxima interessant is.
2	Mijn zus vindt dat	**b**	Máxima in het café zit.
3	De ober zegt dat	**c**	kijken niet beleefd is.
4	Mijn zus zegt dat	**d**	Máxima niet interessant is.

Oefening 14

Kijk naar de woordenlijst en <u>onderstreep</u> de werkwoorden waar je *zijn aan het* voor kunt zetten.

Tipping

Tips in the Netherlands are a small sum of money for services rendered, but certainly not mandatory. It is up to the customer whether he wants to give a tip or not. If the service was bad, the waiter is not likely to be tipped.

If the service was good at a restaurant or bar, the customer tends to round off the amount on the bill, e.g. if the bill is € 8.50, you pay € 9.00. In general a tip is from 5 to 10% of the bill.

The Dutch tip at bars and restaurants, but not at fast food restaurants or snack bars. Taxi drivers can also count on a tip, but not hairdressers.

Doe nu de consolidation op de website. Als je klaar bent met de oefeningen kun je de test bij hoofdstuk 9 maken.

 **Op de volgende pagina vind je de alfabetische woordenlijst bij dit hoofdstuk.**

aardappelpuree, de	mashed potatoes, the	**letten op**	to pay attention
aardbei, de	strawberry, the	**menukaart, de**	menu, the
achterkant, de	back, the	**nagerecht, het**	dessert, the
afrekenen	to pay, to settle the bill	**ober, de**	waiter, the
alleen	alone	**of zo**	or something like that
allemaal	all / everything	**omdraaien**	to turn
beleefd	polite	**ongezond**	unhealthy
bestellen	to order	**onopvallend**	inconspicuous
biefstuk, de	steak, the	**opdracht, de**	assignment, the
boter, de	butter, the	**opmaken (zich -)**	to put on make-up
champignon, de	mushroom, the	**parmezaanse kaas, de**	parmesan cheese, the
chocolademousse, de	chocolate mousse, the	**pinda, de**	peanut, the
echt	really	**plotseling**	suddenly
eetcafé, het	pub that serves meals, the	**prinses, de**	princess, the
		pudding, de	pudding, the
favoriet	favourite	**rekening, de**	bill, the
fles, de	bottle, the	**rest, de**	rest, the
fooi, de	tip, the	**roerbakken**	to stir fry
friet, de	French fries, the	**roomsaus, de**	cream sauce, the
garnaal, de	shrimp, the	**rundvlees, het**	beef, the
gebakken	baked	**serveerster, de**	waitress, the
geitenkaas, de	goat cheese, the	**slagroom, de**	whipped cream, the
geloven	to believe	**smaken**	to taste
gerookt	smoked	**stil**	quiet
gezond	healthy	**taart, de**	pie, cake, the
hoofdgerecht, het	main course, the	**tap, de**	bar, the
interessant	interesting	**terugweg, de**	way back, the
jurk, de	dress, the	**tip, de**	helpful hint, the
kaasplankje, het	assorted cheese, the	**tomatensoep, de**	tomato soup, the
keuze, de	choice, the	**tonijn, de**	tuna, the
kip, de	chicken, the	**uit eten gaan**	to go out for dinner
klant, de	customer, the	**van alles en nog wat**	all sorts of things and more
kletsen	to chat		
kreeft, de	lobster, the	**varkensvlees, het**	pork, the
kroket, de	croquette, the	**vegetarisch**	vegetarian
kruidenboter, de	herb butter, the	**vies**	not tasty / dirty

voorgerecht, het	starter, the
vrucht, de	fruit, the
weer	again
wens, de	wish, the
zalig	delicious
zalm, de	salmon, the

Hebt u hem een maat groter?

Doe eerst de **preparation** op de website.

After this chapter you can:
- ask about clothes
- specify the colours
- say something is wrong
- talk about sizes

Oefening 1

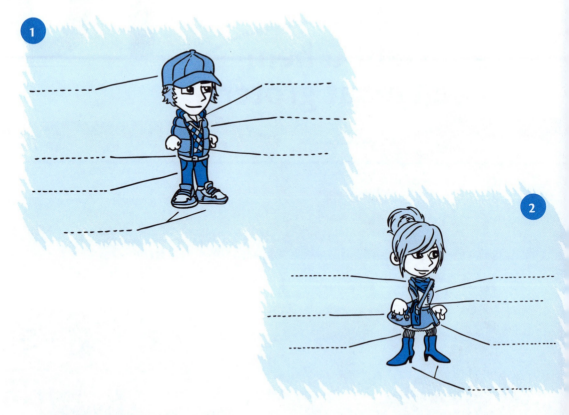

Vul de woorden in.
Plaatje 1 – kies uit: de riem, de trui, het overhemd, de schoenen, de broek, de pet, de jas
Plaatje 2 – kies uit: het vest, de sjaal, de laarzen, de rok, de maillot, het T-shirt, de tas

Vertel elkaar wat je vandaag draagt.

> *Voorbeeld:*
> Vandaag draag ik een donkerrode trui en een blauwe spijkerbroek.

Oefening 2
Welke kleren heb je gevonden in de internetopdracht (Preparation, Vocabulary, Exercise 3)? Vergelijk de woorden met die van je medecursisten. Werk in drietallen. Praat over de kleren.

> *Voorbeeld:*
> Ik draag graag een spijkerbroek, maar ik draag nooit een jurk.

Oefening 3
Luister naar de dialoog. Wat hoort bij wie? Julia begint met spreken.

Lisa / Julia heeft nieuwe kleren.
Lisa / Julia vindt het moeilijk om kleren te kopen.
Lisa / Julia heeft een oude broek aan.
Lisa / Julia heeft gisteren gewinkeld.
Lisa / Julia gaat mee kleren kopen.
Lisa / Julia gaat helpen kleren uitzoeken.
Lisa / Julia wil een nieuwe jurk.

Lees nu de tekst op bladzijde 128.

Oefening 4
Wie zegt wat?

Kan ik u helpen?   Wilt u een maat groter proberen?
Waar kan ik passen?   Dus u neemt deze?
Deze broek is te groot.   Ik vind dit model niet mooi staan.
Hebt u hem een maat kleiner?   Roze staat u goed.
De paskamers zijn daar.   Hoe zit deze?
Hoe vindt u het zelf?

De verkoper: _____

_____

_____

_____

_____

_____

De klant: _____

_____

_____

_____

_____

_____

Oefening 5

Werk in tweetallen. Maak dialogen.
Eerst is cursist A de klant en cursist B de verkoper. Dan wissel je van rol.

Cursist A	Cursist B
Je wilt kopen:	*Je wilt kopen:*
spijkerbroek	jas
donkerblauw	lichte kleur
maat 32-32	maat large
strak model	waterdicht
maximum prijs: € 60	maximum prijs: € 75

Oefening 6

Beantwoord de vragen positief. Krijgt het adjectief een *e*?

Voorbeeld:
Cursist A: Is de bloes wit?
Cursist B: Ja, het is een witte bloes.

Cursist A	Cursist B
1 Is de rok kort?	1 _____
2 Zijn de sokken warm?	2 _____
3 Is de maat goed?	3 _____
4 Is het vest grijs?	4 _____
5 Zijn de laarzen mooi?	5 _____

Cursist B	Cursist A
1 Is het T-shirt bruin?	1 _____
2 Zijn de schoenen kapot?	2 _____
3 Is de jurk feestelijk?	3 _____
4 Is de trui zacht?	4 _____
5 Is de broek donkerblauw?	5 _____

Oefening 7

Luister naar de dialoog en kruis het goede antwoord aan. Soms zijn meer antwoorden goed.

1 Het eerste paar: ☐ te groot ☐ te klein ☐ niet mooi

2 Het tweede paar: ☐ mooi ☐ bruin ☐ maat 42 ☐ goede kwaliteit ☐ € 256,-

3 Het derde paar: ☐ zit lekker ☐ te duur ☐ € 100,- ☐ Peter koopt de schoenen

Controleer je antwoorden met de tekst op bladzijde 128.

Oefening 8

Zeg de docent na. Let op de uitspraak van de *ie, ou, au, ui, ei, ij* en *eu*.

1 Zou je mij kunnen zeggen hoe oud die schoenen zijn?
2 Uit deze kleuren kan ik niet kiezen.
3 Die ontwerpers denken dat vrouwen niet van blauw houden.
4 Het meisje draagt een dure jurk van zijde.
5 Moeten jongens altijd lange broeken en truien dragen?
6 Hij ziet er keurig uit in zijn driedelig pak.
7 Het is koud. Doe je handschoenen aan en je muts op.
8 Ik ben benieuwd of de nieuwe geur van Viktor en Rolf lekker ruikt.
9 Kun je me uitleggen waarom oranje deze zomer goed verkoopt?

Oefening 9

Geef een korte presentatie.

Wat is je favoriete kledingstuk? Beschrijf het kledingstuk. Waarom is het je favoriete kledingstuk? Draag je het veel? Waarom wel/niet?

Oefening 10
Noem een ... die / dat begint met ... De beginletter is steeds anders.

Voorbeeld:
Noem een kledingstuk met een B.
Broek.

- een kledingstuk
- een kamer
- eten of drinken
- fruit of groente

- activiteit
- land
- taal
- familielid

- getal
- vervoermiddel (transport)
- maand

Oefening 11
Lees de tekst en beantwoord de vragen.

Peter heeft binnenkort een gala. Hij moet in smoking gaan, maar die heeft hij niet. Hij gaat naar een vriend om te vragen of hij de smoking van hem kan lenen. Hij komt bij de vriend aan en vraagt: 'Zeg, Jan-Jaap, jij hebt toch een smoking? Zou ik hem van je kunnen lenen?' 'Natuurlijk kerel, ik ga hem even voor je pakken.' Even later komt Jan-Jaap met de smoking en kan Peter hem passen. De smoking is jammer genoeg veel te groot. Jan-Jaap vindt dit geen probleem. 'Kerel, je doet gewoon bretels aan en dan is er niets aan de hand. In een grotere maat lijk je tenminste ook niet zo mager. '
Zo gezegd, zo gedaan. Peter komt op het gala in Jan-Jaaps smoking met bretels die Peter zelf nog in de kast had liggen.
Peter voelt zich wat onwennig in het pak. Hij heeft nog nooit eerder een smoking gedragen en het pak is natuurlijk te groot. Maar dan komt er een mooie meid op hem af en ze vraagt of hij zin heeft om te dansen. Ze lopen naar de dansvloer en beginnen met een chachacha. Peter voelt zich steeds beter en danst ook de Engelse wals.
Plotseling voelt hij iets springen. De bretels schieten los. Gelukkig heeft Peter zijn mooiste onderbroek aangedaan.
Hij vlucht met een rood hoofd naar een donkere hoek. Weg van de dansvloer. Hij bestelt een dubbele whisky en komt niet meer tevoorschijn. Bedankt, Jan-Jaap. Kerel, ik luister nog eens naar je, denkt Peter.

1	Peter leent een smoking en bretels van Jan-Jaap.	waar / niet waar
2	Jan-Jaap vindt de smoking te groot voor Peter.	waar / niet waar
3	Peter voelt zich eerst niet lekker in de smoking.	waar / niet waar
4	Peter danst met een mooi meisje.	waar / niet waar
5	Peter is blij dat hij naar Jan-Jaap heeft geluisterd.	waar / niet waar

Oefening 12
Kijk naar de woordenlijst en <u>onderstreep</u> de woorden die je belangrijk vindt.

Fashion designers
Dutch fashion is making an impression all across the globe.

The Netherlands has several internationally successful fashion designers (Viktor & Rolf, Spijkers and Spijkers) and fashion brands (G-Star, Sandwich, Gsus, JustB). A key organization supporting fashion designers is the Dutch Fashion Foundation (DFF). The Dutch fashion sector can be characterised as:
- conceptual
- open-minded
- pragmatic
- process-oriented
- innovative

The Netherlands is becoming an international stage for the fashion industry with initiatives like the Arnhem Mode Biennale, Amsterdam International Fashion Week, Streetlab and Dutch Fashion Awards.

Source: www.hollandtrade.com/sector-information/creative-industries/fashion

Doe nu de consolidation op de website. Als je klaar bent met de oefeningen kun je de test bij hoofdstuk 10 maken.

Op de volgende pagina vind je de alfabetische woordenlijst bij dit hoofdstuk.

aan de hand	the matter	**maillot, de**	tights, the
advies, het	advice, the	**meid, de**	girl, the
afwerken	to finish	**merk, het**	brand, the
benieuwd	curious	**model, het**	model, the
binnenkort	soon	**moeilijk**	difficult
bloes, de / blouse, de	blouse, the	**mouw, de**	sleeve, the
bretels, de	suspenders, the	**muts, de**	cap, the
dansvloer, de	dance floor, the	**nadenken**	to think about it
ding, het	thing, the / item, the	**onderbroek, de**	underpants, the
dragen	to wear	**ontwerper, de**	designer, the
driedelig	three-piece	**onwennig**	uneasy
eerlijk	honest	**oranje**	orange
even	momentarily	**overhemd, het**	shirt, the
familielid, het	family member, the	**paar, het**	pair, the
feestelijk	festive	**pak, het**	suit, the
geel	yellow	**paskamer, de**	fitting room, the
geur, de	smell, the	**passen**	to try on, to fit
grijs	grey	**pet, de**	cap, the
handschoen, de	glove, the	**proberen**	to try
hoek, de	corner, the	**rand, de**	brim, the
hoofd, het	head, the	**riem, de**	belt, the
hoog	high	**rok, de**	skirt, the
hulp, de	help, the	**rondkijken**	to look around
jammer genoeg	unfortunately	**roze**	pink
kast, de	cupboard, the	**ruiken**	to smell
kennen	to know	**sjaal, de**	scarf, the
kerel, de	lad, the	**smoking, de**	tuxedo, the
keurig	trim and neat	**sok, de**	sock, the
kledingstuk, het	article of clothing, the	**spijkerbroek, de**	jeans, the
kleren, de	clothes, the	**springen**	to snap / to jump
kwaliteit, de	quality, the	**staan**	to suit
laars, de	boot, the	**strak**	tight
lenen	to borrow	**teen, de**	toe, the
losschieten	to get loose	**tenminste**	at least
maat, de	size, the	**tevoorschijn komen**	to appear
mager	thin	**uitleggen**	to explain

uitzoeken	to choose, to select
V-hals, de	V-neck, the
verkopen	to sell
verkoper, de	salesman, the
vest, het	cardigan, the
veter, de	shoelace, the
vloer, de	floor, the
vluchten	to flee
voelen (zich -)	to feel
waterdicht	waterproof
weg	away
zacht	soft
zelf	yourself
zijde, de	silk, the
zitten	to fit / to sit
zoiets	something like this

Appendix 1
Transcripts

Hoofdstuk 1

Oefening 2
- Hallo, ik ben Peter Johnson. Wie ben jij?
- Ik ben Maria Capponi. Waar kom je vandaan?
- Ik kom uit Nieuw-Zeeland. En jij?
- Ik kom uit Italië en ik woon nu in Nederland.

- Hoi, mijn naam is Aleksi. Hoe heet jij?
- Hallo, ik heet Sandra. Hoe spel je jouw naam?
- A-l-e-k-s-i.
- Waar kom je vandaan?
- Ik kom uit Polen. En jij?
- Ik kom uit Duitsland, maar mijn moeder is Nederlandse.

Oefening 8
Carlos: Hallo, ben jij nieuw in de groep?
Anna: Ja, dat klopt. Mijn naam is Anna.
Carlos: En waar kom je vandaan?
Anna: Ik kom uit Spanje, maar ik woon nu in Alkmaar.
Carlos: O, wat leuk! Hoe gaat het met je?
Anna: Prima. En met jou?
Carlos: Het gaat wel. Ik ben een beetje moe.
Anna: Jouw naam is Carlos, hè? Kom je ook uit Spanje?
Carlos: Nee, ik kom uit Colombia.
Anna: Aangenaam.

Hoofdstuk 2

Oefening 2

Tim: Ha, Anna. Hoe gaat het?

Anna: Hoi, Tim. Met mij gaat het prima. En met jou?

Tim: Ook goed. Wat doe je vanavond?

Anna: Vanavond ga ik naar dansles. Heb je zin om mee te gaan?

Tim: Nee, dank je. Dat is niets voor mij. Ik hou van balsporten, zoals voetbal en bas-
         ketbal.

Anna: Wat jammer. Dansen is zo leuk. Veel bewegen op mooie muziek. Lisa komt
         ook. Zij begeleidt ons op de piano. Zij kan heel goed pianospelen.

Lisa: Hoi, Anna en Tim. Praten jullie over mij?

Tim: Kan jij zo goed pianospelen?

Lisa: Best wel. Ik vind het heel leuk om te doen en ik oefen elke dag. Vanavond speel
         ik bij dansles. Maar nu moet ik weg, want ik ga fitnessen. Dag!

Tim en

Anna: Dag, veel plezier.

Hoofdstuk 3

Oefening 3 en 4

Ik vertel je over mijn familie. Ik heb geen zussen. Ik heb twee broers. Mijn oudste broer woont samen. Ze hebben drie kinderen: één meisje en twee jongens. Mijn jongere broer is niet getrouwd en heeft ook geen kinderen.

Mijn vader heeft twee zussen. Mijn tante en oom hebben een zoon en een dochter en de andere tante is gescheiden. Ze heeft een zoon. Ik heb dus twee neven en een nicht van mijn vaders kant.

Mijn moeder heeft twee broers en een zus. Mijn oom woont samen met een man. Zij hebben geen kinderen. Mijn andere oom is getrouwd. Zij hebben twee dochters. Mijn tante is ook getrouwd. Ze hebben geen kinderen. Ik heb dus twee nichten van mijn moeders kant.

De vader van mijn vader is overleden, maar zijn moeder leeft nog. De ouders van mijn moeder zijn dood. Ik heb dus één oma.

Oefening 9

Mijn fiets is gestolen, dat vind ik heel erg. Ik zag iemand met mijn fiets wegfietsen! De dief is een man. De man heeft geen baard en geen snor. Hij is jong en heeft kort haar. De kleur van zijn ogen weet ik niet. Hij draagt geen bril.

Hoofdstuk 4

Oefening 2

Julia: Gaat het goed met je? Je ziet er moe uit.

Lisa: Ja, ik ben ook moe. Ik sta iedere morgen om kwart voor zes op. Dan douch ik, neem een boterham en een kop thee. Van half zeven tot half negen ga ik schoonmaken in een ziekenhuis.

Julia: Dat is vroeg.

Lisa: Ja, het is vroeg. Maar daarna kan ik naar college.

Julia: Ik sta pas om half negen op. Dan kleed ik me aan, drink koffie en dan fiets ik naar de universiteit. Daar ben ik dan om negen uur. Doe je dat werk ook in het weekend?

Lisa: Nee, in het weekend ben ik vrij, dan kan ik uitslapen. Gelukkig.

Julia: Heb je zin om vrijdagavond bij me te komen eten? Dan kan ik voor je koken. Daarna kunnen we misschien nog uitgaan. Je kunt zaterdag toch uitslapen.

Lisa: Daar heb ik wel zin in! Leuk.

Julia: Tot vrijdag dan.

Lisa: Tot vrijdag.

Oefening 5

Het is vijf over negen.

Het is half zeven.

Het is tien over half tien.

Het is elf uur.

Het is half elf.

Het is kwart over acht.

Het is tien over vier.

Het is half zes.

Het is tien voor zeven.

Het is tien voor half een.

Hoofdstuk 5

Oefening 2

Anna: Kook jij vanavond?

Tim: Dat is goed. Wat zal ik maken? Spaghetti met rode saus?

Anna: Ja, lekker. Met sla.

Tim: Even kijken. Ik maak een lijstje. Een pak spaghetti, een blik tomaten, gehakt. Rundergehakt of half-om-half?

Anna: Rundergehakt.

Tim: Goed. Nog meer?
Anna: Ja, sla, komkommer en yoghurt of vla.
Tim: Ik vind vanillevla lekker.
Anna: Oké. Vanillevla.
Tim: Nou, dan ga ik maar. Tot straks.
Anna: Je vergeet je portemonnee en neem ook een tas mee.
Tim: Oei, dank je. Bijna voor niets naar de supermarkt gefietst. Tot zo.
Anna: Tot zo.

Oefening 6

Verkoopster: Goedemorgen, mevrouw. Hebt u een kortingskaart?
Klant: Wat zegt u? Ik begrijp u niet. Kunt u langzamer praten?
Verkoopster: Hebt u een kortingskaart?
Klant: Nee, die heb ik niet.
Verkoopster: Wilt u een kortingskaart?
Klant: Nee, dank u.
Verkoopster: Wilt u er een tasje bij?
Klant: Pardon?
Verkoopster: Wilt u er een plastic zak bij?
Klant: Ja, graag.
Verkoopster: Dat wordt dan in totaal € 10,45, alstublieft.
Klant: Mag ik pinnen?
Verkoopster: Ja, natuurlijk. Ga uw gang.
               Dag, mevrouw. Fijne dag.
Klant: Tot ziens.

Hoofdstuk 6

Oefening 2

Aan de telefoon.
Rick: Dag, oom John. Met Rick.
John: Hallo, Rick. Hoe gaat het?
Rick: Prima en met jou?
John: Ook goed. Hoe laat kom je morgen op bezoek?
Rick: Ik neem de trein van 9.45 uur. De reis duurt ongeveer twee uur, dus dan ben ik
        rond 11.45 uur in Enschede. Welke bus moet ik nemen om bij je huis te komen?
John: Ik haal je op met de auto, omdat dat makkelijk is. En ik vind dat gezellig.
Rick: Oh, dat is fijn.
John: Bel me als je vertraging hebt, of als je de trein mist. Wacht op me voor het sta-
        tion, dan haal ik je daar op.
Rick: Dat zal ik doen.

John: Tot morgen en goede reis. Leuk dat je komt.
Rick: Tot morgen.

Oefening 9

Reiziger:	Dag, meneer, mag ik u iets vragen?
NS-medewerker:	Natuurlijk, zegt u het maar.
Reiziger:	Weet u van welk spoor de trein naar Nijmegen vertrekt?
NS-medewerker:	Normaal vertrekt die trein van spoor acht, maar vandaag van spoor zeven.
Reiziger:	Weet u ook hoe laat de trein vertrekt?
NS-medewerker:	De trein rijdt ieder half uur, om kwart voor en kwart over. De volgende trein vertrekt dus om kwart over drie.
Reiziger:	Ik heb geen ov-kaart. Kan ik hier een kaartje kopen?
NS-medewerker:	Ja, dat kan. Dan betaalt u wel een beetje meer. Wilt u een enkeltje of een retourtje?
Reiziger:	Een retourtje, graag.
NS-medewerker:	Met of zonder korting?
Reiziger:	Sorry, wat bedoelt u?
NS-medewerker:	Hebt u een kortingskaart?
Reiziger:	Nee.
NS-medewerker:	Dan krijgt u ook geen korting. Het kaartje kost € 23,30. Alstublieft.
Reiziger:	Fijn, dank u wel.
NS-medewerker:	Geen dank. Goede reis!

Hoofdstuk 7

Oefening 2

Lisa: Ik ben op zoek naar een andere kamer. Ik vind deze kamer te duur en ik woon te ver van het centrum. Ik wil graag dichter bij het centrum wonen. Dat is handig, want dan ben ik dicht bij de winkels.

Julia: Ik wil ook verhuizen. Mijn eigen kamer is zo klein en donker, ik wil graag een grotere en lichtere kamer hebben. Ik heb ook geen tuin of balkon, dat is jammer.

Lisa: Ja, dat vind ik ook belangrijk, dat je buiten kunt zitten. Dit balkon van mij is zo klein, daar kun je niet zitten. Zullen we samen iets zoeken? Het lijkt me gezellig om een appartement te delen.

Julia: Ja, goed idee. Misschien kunnen we een appartement op de begane grond voor twee personen huren.

Lisa: Dus de woning moet lichter zijn en dichter bij het centrum, met onze eigen tuin of balkon. En hij moet goedkoper zijn.

Julia: En hij moet ook ruimer zijn dan mijn kamer nu.

Lisa: Denk je dat dat bestaat?

Oefening 9

Anna: Tim, waar ben je?

Tim: Ik ben in de woonkamer, ik kijk televisie.

Anna: Heb je zin om koffie te drinken in de tuin? De zon schijnt. We kunnen lekker in de zon zitten.

Tim: Jij zit altijd in de zon als de zon schijnt.

Anna: Nou ja, altijd. Dat is niet waar, maar wel regelmatig. Ik vind dat fijn. Straks moet ik weer studeren en de hele tijd in die kleine werkkamer zitten. Het is daar zo donker en koud. De achtste heb ik examen.

Tim: Wat heb jij vaak een examen. Volgens mij hebben jullie vaker een examen dan wij.

Anna: Dat idee heb ik ook. Studeer jij wel?

Tim: Ik studeer regelmatig op de universiteit, in de bibliotheek. Dat zie jij niet, daarom denk je dat ik nooit iets doe.

Anna: Oké, oké, sorry hoor. Melk en suiker?

Hoofdstuk 8

Oefening 3

Lisa: Heb je je koffers al gepakt voor de vakantie?

Julia: Nee, nog niet. Maar ik heb wel bedacht wat ik mee moet nemen. De kleren zijn gewassen en gestreken.

Lisa: Jij bent al eerder in Spanje geweest. Moet ik ook een trui meenemen?

Julia: Nee, dat is niet nodig. In Spanje is het altijd warm in de zomer. De vorige keer had ik een trui meegenomen, maar ik heb de trui nooit aangehad.

Lisa: Ik heb alleen zomerkleren en een bikini in mijn koffer gedaan.

Julia: Je moet wel zonnebrandcrème meenemen. De vorige keer ben ik heel erg ver-brand. Ik heb daarna twee dagen niet in de zon gezeten. Toen heb ik musea be-zocht en heb ik gewinkeld. Dat was trouwens ook leuk.

Lisa: Ik heb er heel veel zin in!

Julia: Ik ook.

Oefening 9

Peter: Hé, Lisa, hoe is het? Hoe is je vakantie in Spanje geweest?

Lisa: Fantastisch!

Peter: Je bent toch met Julia geweest? Wat hebben jullie gedaan?

Lisa: We hebben aan het strand gelegen. Maar Julia is heel erg verbrand. Ze had zich niet ingesmeerd. Ze heeft mij gewaarschuwd voor de zon. Maar zelf is ze onvoor-zichtig geweest. Toen zijn we naar een paar musea gegaan en we hebben veel door de stad gelopen. En we hebben gewinkeld. Spanje is mooi, dus we hebben ons prima vermaakt. En we hebben veel lol gehad.

Peter: Wat leuk. Hebben jullie ook lekker gegeten?

Lisa: Ja, heerlijk en veel natuurlijk. En we hebben ook lekkere wijn gedronken.

Peter: Hebben jullie ook souvenirs meegebracht?

Lisa: Nee, dat niet. We hebben wel wijn en olijven gekocht voor thuis. Kom maar eens een glas Spaanse wijn drinken.

Hoofdstuk 9

Oefening 4

Ober: Met restaurant De Markt, zegt u het maar.

Peter: Goedemiddag, met Peter. Ik wil voor vanavond graag een tafel reserveren. Kan dat?

Ober: Voor hoeveel personen?

Peter: Voor vier personen.

Ober: Hoe laat?

Peter: Om 19.30 uur.

Ober: Ja, hoor. Dat kan. Mag ik uw naam en telefoonnummer noteren?

Peter: Ja, dat is Peter Verbeet en mijn telefoonnummer is 06-5224670.

Ober: 06-5224670?

Peter: Ja, dat klopt.

Ober: Goed, dan zie ik u vanavond om 19.30 uur.

Peter: Bedankt, tot vanavond.

Oefening 11

Tim: Hé, wat ben jij aan het doen?

Anna: Ik ben me aan het opmaken.

Tim: Waarom? Ga je uit?

Anna: Ja, ik ga met Frank uit eten. En ik wil er goed uitzien.

Tim: Met Frank, welke Frank?

Anna: Nou, die Frank van café Zeezicht. Je weet wel, die ober.

Tim: Ga je met de ober uit eten?

Anna: Ja, is dat zo gek? Hij is heel aardig, hoor. Bovendien studeert hij psychologie.

Tim: Waar gaan jullie eten?

Anna: Frank heeft iets gereserveerd. Ik geloof dat hij bij een Italiaans restaurant heeft gereserveerd. Ik bestel geen spaghetti bolognese met deze witte jurk.

Tim: Neem ook maar geen rode wijn.

Anna: Bedankt voor de tip.

Tim: Hoe laat hebben jullie afgesproken?

Anna: Om acht uur. Wat stel jij eigenlijk veel vragen. Waarom wil je dat allemaal weten? Wil je mee of zo?

Tim: Ja, leuk! Ik heb wel zin in een lekkere pasta.

Anna: Dat had je gedacht! Ik ga alleen met Frank uit eten.

Hoofdstuk 10

Oefening 3

Julia: Hé, wat zie jij er leuk uit. Heb je nieuwe kleren?

Lisa: Dank je. Ik heb een nieuwe bloes en een nieuw vest. Maar mijn broek is oud. Gisteren heb ik gewinkeld en heb ik deze twee dingen gekocht.

Julia: Mooi, hoor. Waar heb je het gekocht?

Lisa: Bij dat kleine winkeltje op de hoek bij de Grote Markt.

Julia: O, ja. Dat ken ik. Die mevrouw is heel aardig en geeft goed advies.

Lisa: Dat vind ik ook. Ze is heel eerlijk. Als iets niet staat, zegt ze dat.

Julia: Ik wil er eigenlijk ook wel naartoe. Heb je zin om met me mee te gaan? Ik vind het altijd moeilijk om nieuwe kleren te kopen. Dan kun je helpen uitzoeken. Ik wil graag een nieuwe spijkerbroek en een leuke jurk.

Lisa: Prima. Gezellig.

Oefening 7

Verkoper: Kan ik u helpen, of kijkt u even rond?

Peter: U kunt me misschien wel helpen. Ik zoek een paar schoenen die netjes zijn, maar die ook lekker zitten. Ik moet veel lopen op mijn werk.

Verkoper: Wilt u laarzen of iets met veters? Wat vindt u van zoiets? Hoge schoenen met veters die toch netjes zijn afgewerkt. Deze schoenen zijn van een goed merk.

Peter: Ja, die vind ik wel mooi.

Verkoper: Welke maat hebt u?

Peter: Maat 42.

Verkoper: Past u deze maar eens. Hoe zitten ze?

Peter: Ze zijn te klein. Ik kom met mijn teen tegen de rand.

Verkoper: Probeert u deze eens. Maat 43.

Peter: Die zitten lekker, zeg. Ik vind ze ook heel goed staan, en ik vind het een mooie kleur. Hoe duur zijn ze?

Verkoper: Deze kosten € 256,-.

Peter: O, dat vind ik te duur. Sorry.

Verkoper: Dit paar lijkt een beetje op die andere schoenen en ze zijn een stuk goedkoper. Deze kosten € 100,-. Wilt u deze eens proberen?

Peter: Dat is goed. Deze zitten lang niet zo lekker als die andere.

Verkoper: Tja. Die andere schoenen zijn van betere kwaliteit.

Peter: Ik moet er nog even over nadenken. Bedankt voor uw hulp.

Verkoper: Dat is prima, hoor. Graag gedaan.

Appendix 2
B-roles for exercises

Hoofdstuk 1

Oefening 5
Cursist B

Voornaam	Achternaam	Land	Taal
Petra	Sturge	Engeland	
Isabel		Spanje	Spaans
Jonas	Meijer		

Hoofdstuk 2

Oefening 4
Cursist B

	☺ leuk	☹ niet leuk
Peter		zwemmen
Carla	lezen	
Jessica		dansen
Bruno	joggen	
Jack		volleyballen

Hoofdstuk 4

Oefening 6
Cursist B
- koffiedrinken; 11.00 uur
- lunchen; 12.30 uur
- studeren; 13.45 uur
- boodschappen doen; 16.10 uur
- eten koken; 18.20 uur

Appendix 3
Grammar

Chapter 1

Personal pronouns and possessive pronouns (singular)

personal pronouns		
1	ik	I
2	je/jij	you
	u	you (formal)
3	hij	he
	ze/zij	she

possessive pronouns		
1	mijn	my
2	je/jouw	your
	uw	your (formal)
3	zijn	his
	haar	her

Verbs – singular (1)

		denken *to think*
1	ik	denk
2	je/jij	denk**t**
	u	denk**t**
3	hij	denk**t**
	ze/zij	denk**t**

Verbs – singular (2)

		wonen *to live*	**studeren** *to study*	**heten** *to be named*
1	ik	w**oo**n	stud**eer**	h**ee**t
2	je/jij	w**oo**n**t**	stud**eer**t	h**ee**t
	u	w**oo**n**t**	stud**eer**t	h**ee**t
3	hij	w**oo**n**t**	stud**eer**t	h**ee**t
	ze/zij	w**oo**n**t**	stud**eer**t	h**ee**t

Irregular verbs – singular

		zijn *to be*	hebben *to have*	gaan *to go*	komen *to come*
1	ik	ben	heb	ga	kom
2	je/jij u	bent bent	hebt hebt/heeft	gaat gaat	komt komt
3	hij ze/zij	is is	heeft heeft	gaat gaat	komt komt

Chapter 2

Personal pronouns (plural)

1	we/wij	we
2	jullie	you (plural)
3	ze/zij	they

Verbs – plural

		denken *to think*	studeren *to study*	zijn *to be*	gaan *to go*
1	we/wij	denken	studeren	zijn	gaan
2	jullie	denken	studeren	zijn	gaan
3	ze/zij	denken	studeren	zijn	gaan

Inversion

Normal sentences

first place: subject	finite form	rest	(infinite form)
Ik	woon	in Amsterdam.	
Hij	gaat	boodschappen	doen.
Wij	heten	John en Mary.	
Zij	gaan	vanmiddag	zwemmen.

Sentences with inversion

first place	finite form	subject	rest	(infinite form)
In het weekend	woon	ik	in Amsterdam.	
Op zaterdag	gaat	hij	boodschappen	doen.
Vanmiddag	gaan	zij		zwemmen.

Inversion with *je/jij*

Jij	drink**t**	koffie.		
Vandaag	drink	jij	koffie.	
Je	ga**at**	boodschappen		doen.
In het weekend	ga	je	boodschappen	doen.

Possessive pronouns – plural

	personal pronouns	possessive pronouns
1	we/wij	ons/onze (our)
2	jullie	jullie (your)
3	ze/zij	hun (their)

de words	het words
onze pen onze docent onze film	ons boek ons land ons huis

Chapter 3

The plural of nouns

+s	+'s	+en
words ending in	**words ending in**	**the rest**
- e - el - em - en - er	- o - a - u - i - y	attention: short vowel / long vowel - f → - **ff**en / - f →- **v**en - s → - **ss**en / - s → - **z**en
examples de tan<u>t</u>e – de tante**s** de va<u>d</u>er – de vader**s**	*examples* de op<u>a</u> – de opa**'s** de bab<u>y</u> – de baby**'s**	*examples* de nee<u>f</u> – de nev**en** de zu<u>s</u> – de zuss**en**

Articles

definite (the)	indefinite (a(n))
de, masculine and feminine	een
het, neutral	een
de, plurals	Ø

Examples

definite	indefinite
Ik koop **de** auto. Ze leest **het** boek.	Ik koop **een** auto. Hij leest **een** boek.
We kopen **de** auto's. Ze leest **de** boeken.	Ze kopen Ø auto's. We lezen Ø boeken.

The negation – *geen*

positive	negative
Ik heb **een** tante. Hij heeft **een** broer. Ze hebben **een** grote familie.	Ik heb **geen** tante. Hij heeft **geen** broer. Ze hebben **geen** grote familie.
We hebben Ø kinderen. Daar wonen Ø nieuwe mensen.	We hebben **geen** kinderen. Daar wonen **geen** nieuwe mensen.

Conjunctions: *en, maar, of, want*

Hoofdzin	+	hoofdzin
Ik ben heel sportief	**en**	ik ben vrolijk.
Rick is geduldig	**maar**	hij is ook snel.
Ben je romantisch	**of**	ben je realistisch?
Ik kom vandaag niet	**want**	ik kom morgen.

Chapter 4

Separable verbs

opstaan	**voor**stellen	**uit**laten
Ik sta om zes uur **op**.	Ik stel mijn neef **voor**.	Ik laat de hond **uit**.
Jij staat om zes uur **op**.	U stelt uw neef **voor**.	Je laat de hond **uit**.
Zij staat om zes uur **op**.	Hij stelt zijn neef **voor**.	Ze laat de hond **uit**.
Wij staan om zes uur **op**.	We stellen onze neef **voor**.	Wij laten de hond **uit**.
Jullie staan om zes uur **op**.	Jullie stellen jullie neef **voor**.	Jullie laten de hond **uit**.
Ze staan om zes uur **op**.	Zij stellen hun neef **voor**.	Ze laten de hond **uit**.

Reflexive verbs

zich wassen *to get washed*	**zich aankleden** *to get dressed*	**zich scheren** *to shave*
Ik was **me**.	Ik kleed **me** aan.	Ik scheer **me**.
Jij wast **je**.	Je kleedt **je** aan.	Jij scheert **je**.
U wast **u/zich**.	U kleedt **u/zich** aan.	U scheert **u/zich**.
Hij/Zij wast **zich**.	Hij/Ze kleedt **zich** aan.	Hij/Zij scheert **zich**.
Wij wassen **ons**.	We kleden **ons** aan.	Wij scheren **ons**.
Jullie wassen **je**.	Jullie kleden **je** aan.	Jullie scheren **je**.
Ze wassen **zich**.	Zij kleden **zich** aan.	Ze scheren **zich**.

Inversion

normal sentence	sentence with inversion
Ik sta om negen uur op.	Om negen uur **sta ik** op.
Hij gaat op zaterdag sporten.	Op zaterdag **gaat hij** sporten.
We gaan vanavond naar de film.	Vanavond **gaan we** naar de film.
Ze eten om zeven uur 's avonds.	Om zeven uur 's avonds **eten ze**.

Irregular verbs

		zullen	kunnen	willen	mogen
1	ik	zal	kan	wil	mag
2	je/jij	zal/zult	kan/kunt	wil/wilt	mag
	u	zal/zult	kan/kunt	wil/wilt	mag
3	hij	zal	kan	wil	mag
	ze/zij	zal	kan	wil	mag
1	we/wij	zullen	kunnen	willen	mogen
2	jullie	zullen	kunnen	willen	mogen
3	ze/zij	zullen	kunnen	willen	mogen

Chapter 5

Object forms

subject	object	
ik	me/mij	*me*
je/jij	je/jou	*you*
u	u	*you (formal)*
hij	hem	*him*
zij	haar	*her*
we/wij	ons	*us*
jullie	jullie	*you*
ze/zij	ze/hun/hen	*them*

The negation - *niet*

Nee, ik kook **niet**. Mijn neef komt **niet**.	Het gaat **niet** goed. Nee, ik ben **niet** jarig.	Hij komt **niet** uit Duitsland. Ik ga **niet** naar de markt.
You put **niet** before: - an adjective/adverb - a preposition		

Diminutives

normal	diminutive
de zak **de** fles	**het** zak**je** **het** fles**je**
het krat **het** blik **het** feest	**het** krat**je** **het** blik**je** **het** feest**je**
de school **het** bier	**het** school**tje** **het** bier**tje**
de cola **de** radio	**het** col**aatje** **het** radi**ootje**
uitzondering: **het** glas – **het** gl**aasje**	

Chapter 6

Imperatives

normal sentence	imperative
Je **gaat** eerst naar www.nshispeed.nl. Je **typt** dan het station van vertrek. Daarna **vul** je de bestemming in.	**Ga** eerst naar www.nshispeed.nl. **Typ** dan het station van vertrek. **Vul** daarna de bestemming in.

Negations – *niet* and *geen*

niet	geen
Zie je de trein? Nee, ik zie de trein **niet**.	Zie je een trein? Nee, ik zie **geen** trein.
Heb je het kaartje? Nee, ik heb het kaartje **niet**.	Heb je een kaartje? Nee, ik heb **geen** kaartje.
Zijn dit de stoptreinen? Nee, dit zijn de stoptreinen **niet**.	Zijn dit Ø stoptreinen? Nee, dit zijn **geen** stoptreinen.

Omdat

want	omdat
Ik ga naar mijn oom, **want** hij **is** morgen jarig.	Ik ga naar mijn oom, **omdat** hij morgen jarig **is**.
Hij gaat met de trein, **want** hij **heeft** geen auto.	Hij gaat met de trein, **omdat** hij geen auto **heeft**.
We gaan naar het station, **want** we **moeten** een kaartje **kopen**.	We gaan naar het station, **omdat** we een kaartje **moeten kopen**.
Ze gaat naar de conducteur, **want** ze **wil** hem iets **vragen**.	Ze gaat naar de conducteur, **omdat** ze hem iets **wil vragen**.

Chapter 7

Er

without **er** *definite subject*	with **er** *indefinite subject*
<u>De</u> woonkamer is twintig vierkante meter.	**Er** woont <u>een</u> student naast mij.
<u>Het</u> appartement is op de derde verdieping.	**Er** staan <u>twee</u> stoelen in de kamer.
<u>Mijn</u> nieuwe kamer is groter.	**Er** is <u>geen</u> supermarkt in de buurt.
<u>Ons</u> huis is vlak bij de supermarkt.	**Er** staan Ø flats tegenover mijn huis.

Comparatives

adjective	comparative
nieuw	nieuw**er (dan)**
klein	klein**er (dan)**
groot	gro<u>t</u>**er (dan)**
goedkoop	goedkop**er (dan)**
dik	di<u>kk</u>**er (dan)**
wit	wi<u>tt</u>**er (dan)**
duu<u>r</u>	duur<u>d</u>**er (dan)**
ve<u>r</u>	ver<u>d</u>**er (dan)**

adjective	comparative
goed	beter (dan)
weinig	minder (dan)
veel	meer (dan)
graag	liever (dan)

Deze, die, dit, dat

	hier	daar
de	deze	die
het	dit	dat

Verbs of position

Liggen
Het boek **ligt** op de trap.

Zitten
Het boek **zit** in de tas.

Staan
Het boek **staat** in de boekenkast.

Hangen
De tas **hangt** aan de kapstok.

Chapter 8

Present perfect simple tense

regular verbs
Ik **heb** heerlijk **ge**wandel**d**. Hij **heeft** in Amsterdam **ge**studeer**d**. We **hebben** naar muziek **ge**luister**d**. Ze **heeft** haar moeder op**ge**bel**d**. Ze **heeft** met vrienden **ge**fiets**t**. Jullie **hebben** hard **ge**werk**t**. Ik **heb** een pizza **ge**maak**t**. We **hebben** het bed op**ge**maak**t**. *perfectum:* hebben/zijn + participle *participle:* (prefix) ge + stem + d/t **softketchup + x → +t**

voorbeelden **softketchup + x**
wandelen l → **not** in sftktchp + x → +d gewandeld **werk**en k → in sftktchp + x → +t gewerkt antwoorden → geantwoord (only one 'd') praten → gepraat (only one 't')

without *ge-*
The participles of verbs starting with the following prefixes do not start with *ge-*:
ont-   ontmoeten → Ik heb … ontmoet. er-   erkennen → We hebben … erkend. her-   herhalen → Hij heeft … herhaald. ver-   verhuizen → Ze zijn … verhuisd. be-   beloven → Jij hebt … beloofd. ge-   geloven → Jullie hebben … geloofd.

irregular verbs
gaan   (zijn) gegaan komen (zijn) gekomen doen   (hebben) gedaan zijn   (zijn) geweest eten   (hebben) gegeten *etc.*

Inversion

time	verb (pv.)	subject	rest	participle
Vorige week	heb	ik	mijn familie	bezocht.
In het weekend	is	zij	naar Amsterdam	verhuisd.
Twee jaar geleden	ben	ik	naar Canada	gegaan.
Afgelopen maandag	zijn	wij	te laat op school	gekomen.
Gisteravond	hebben	ze	spaghetti	gekookt.
Eergisteren	heeft	hij	een film	gezien.

Verbs of transportation

lopen, zwemmen, rijden, varen, wandelen, vliegen, fietsen, reizen
Ik **heb** gelopen. Ik **heb** een uur gelopen. Ik **ben** naar het park gelopen.
Ik **heb** gereisd. Ik **heb** in Frankrijk gereisd. Ik **ben** naar Frankrijk gereisd.

Chapter 9

Zou(den)

zou(den) for a friendly question
Zou ik ... **kunnen** + infinite verb ? **Zou ik** ... **mogen** + infinite verb ? **Zou je/jij/u** ... **kunnen** + infinite verb ? **Zou je/jij/u** ... **willen** + infinite verb ? **Zouden we/wij** ... **kunnen** + infinite verb ? **Zouden we/wij** ... **mogen** + infinite verb ? **Zouden jullie** ... **kunnen** + infinite verb ? **Zouden jullie** ... **willen** + infinite verb ?

Sentences with dat ...

first sentence	dat	second sentence
Hij zegt	dat	hij een biefstuk **wil**.
Ik denk	dat	ik morgen met mijn vriend **ga eten**.
Ze vinden	dat	het restaurant niet zo goed **is**.
Wij geloven	dat	de obers hier hard **moeten werken**.

Zijn + aan het + infinite verb

zijn	aan het	infinite verb
Wat **ben** je	**aan het**	doen?
Ik **ben** een boek	**aan het**	lezen.

Chapter 10

Adjective

adjective without a noun
De broek is **blauw**. De trui is **bruin**. Het T-shirt is **geel**. Het vest is **grijs**. De broek is te **groot**. Het T-shirt is te **klein**.

adjective with a noun	
de words	De **blauwe** broek ... Een **blauwe** broek ... De **bruine** trui ... Een **bruine** trui ...
het words	Het **blauwe** T-shirt ... Een **blauw** T-shirt ... Het **bruine** vest ... Een **bruin** vest ...

Pronouns for objects

subject	object
*singular **de** words* **De broek** zit lekker. **Hij** zit lekker. **De trui** is nieuw. **Hij** is nieuw.	*singular **de** words* Ik koop **de broek**. Ik koop **hem**. Hij draagt **de trui**. Hij draagt **hem**.
***het** words* **Het T-shirt** zit lekker. **Het** zit lekker. **Het vest** is nieuw. **Het** is nieuw.	***het** words* Ik koop **het T-shirt**. Ik koop **het**. Hij draagt **het vest**. Hij draagt **het**.

plural *de* words	plural *de* words
De kleren zitten lekker. **Ze** zitten lekker.	Ik koop **de kleren**. Ik koop **ze**.
De schoenen zijn nieuw. **Ze** zijn nieuw.	Hij draagt **de schoenen**. Hij draagt **ze**.

Superlatives

adjective	comparative	superlative
groot	gro**ter dan**	groot**st(e)**
mooi	mooi**er dan**	mooi**st(e)**
duur	duur**der dan**	duur**st(e)**
goed	beter	best(e)
weinig	minder	minst(e)
veel	meer	meest(e)
graag	liever	liefst(e)

Appendix 4
Irregular verbs

Infinitief	Voltooide tijd / perfectum	Vertaling
bakken	gebakken	
beginnen	begonnen (zijn)	
blijven	gebleven (zijn)	
brengen	gebracht	
denken	gedacht	
doen	gedaan	
dragen	gedragen	
drinken	gedronken	
eten	gegeten	
gaan	gegaan (zijn)	
geven	gegeven	
hangen	gehangen	
hebben	gehad	
helpen	geholpen	
heten	geheten	
kiezen	gekozen	
kijken	gekeken	
komen	gekomen (zijn)	
kopen	gekocht	
krijgen	gekregen	
kunnen	gekund	
lezen	gelezen	
liggen	gelegen	

Infinitief	Voltooide tijd / perfectum	Vertaling
lopen	gelopen (hebben/zijn)	
moeten	gemoeten	
mogen	gemogen	
nemen	genomen	
ontbijten	ontbeten	
rijden	gereden (hebben/zijn)	
scheren	geschoren	
schrijven	geschreven	
slapen	geslapen	
spreken	gesproken	
staan	gestaan	
vergeten	vergeten (hebben/zijn)	
vinden	gevonden	
vliegen	gevlogen (hebben/zijn)	
vragen	gevraagd	
wassen	gewassen	
wegen	gewogen	
weten	geweten	
willen	gewild	
zeggen	gezegd	
zien	gezien	
zijn	geweest (zijn)	
zitten	gezeten	
zoeken	gezocht	
zwemmen	gezwommen (hebben/zijn)	